Eva Tichy,
Indogermanistisches Grundwissen

Hempen Verlag

Eva Tichy

Indogermanistisches Grundwissen

für Studierende
sprachwissenschaftlicher Disziplinen

3., vollständig überarbeitete Auflage

HEMPEN VERLAG
BREMEN 2009

Bibliografische Information Der Deutschen Bibliothek
Die Deutsche Bibliothek verzeichnet diese Publikation in der Deutschen Nationalbibliografie; detaillierte bibliografische Daten sind im Internet über http://dnb.ddb.de abrufbar.

ISBN 978-3-934106-14-7

Umschlaggestaltung: Igel-Studios, Igel b. Trier
Gesamtherstellung: Memminger MedienCentrum AG
Gedruckt auf alterungsbeständigem Papier
Printed in Germany

Inhaltsverzeichnis

		Seite
Vorbemerkungen		3
1. Lektion.	Die indogermanische Sprachfamilie	7
2. Lektion.	Theoretische Grundlagen I: Lautgesetze	23
3. Lektion.	Das urindogermanische Lautsystem	27
4. Lektion.	Theoretische Grundlagen II: Laryngaltheorie, Morphemstrukur und Ablaut	32
5. Lektion.	Wortarten, Satzstruktur, Satzintonation, Wortakzent	42
6. Lektion.	Theoretische Grundlagen III: Morphologische Analyse	50
7. Lektion.	Thematische und athematische Flexion	55
8. Lektion.	Nominalkomposition	61
9. Lektion.	Nominalflexion: Kasus, Numerus, Genus	69
10. Lektion.	Theoretische Grundlagen IV: Flexionstypen	78
11. Lektion.	Verbalflexion: Person, Numerus, Diathese	85
12. Lektion.	Verbalflexion: Perfekt und Stativ	93
13. Lektion.	Verbalflexion: Modi	98
14. Lektion.	Verbalflexion: Wurzelpräsens und thematisches Präsens	109
15. Lektion.	Weitere Präsensbildungen	115
16. Lektion.	Theoretische Grundlagen V: Aktionsart, Tempus und Aspekt	121
17. Lektion.	Verbalflexion: *s*-Aorist und Wurzelaorist	131
Anhang I:	Internationale Lautschrift gemäß API/IPA	137
Anhang II:	Griechische Schrift (klassisches Einheitsalphabet)	139
Terminologischer Index		141

Vorwort zur 3. Auflage

Wenn es Bücher gibt, die ihren Weg von selbst finden, gehört das „Indogermanistische Grundwissen“ sicherlich dazu. Am Anfang standen die Unterlagen zu einer Vorlesung, die keineswegs als Einführung in die Vergleichende indogermanische Sprachwissenschaft gedacht war, sondern Studierende moderner europäischer Sprachen mit dem altindogermanischen Sprachtyp vertraut machen sollte. Das Augenmerk lag daher auf dem typologischen Kontrast; um die Bereitstellung abfragbaren Wissens, das als Grundlage eines Fachstudiums dienen könnte, ging es zunächst nicht.

Leicht überarbeitet und um das Kapitel „Nominalkomposition“ erweitert, ergaben diese Unterlagen ein Vorlesungsskriptum (Freiburg 1999, als Eigenpublikation des Sprachwissenschaftlichen Seminars der Universität), das auf Initiative der Verlegerin ein Jahr später im Druck erschien. In Freiburg und, soweit bekannt, auch andernorts wird das „Grundwissen“ seither in indogermanistischen Einführungsveranstaltungen verwendet, weil es drei praxisrelevante Eigenschaften hat: geringer Umfang, Anspruch auf systematische Vollständigkeit und eine Anordnung des Stoffes, die beides miteinander zu vereinbaren sucht.

Aus der neuen Nutzung ergab sich auch ein neuer Anspruch, auf den in der 2. Auflage (2004) aus Zeitmangel noch kaum reagiert werden konnte. Zu einer gründlichen Durchsicht kam es erst anlässlich der Übersetzung ins amerikanische Englisch, die von James E. Cathey entworfen und dann über längere Zeit, immer im Bemühen um sachliche Richtigkeit und sprachliche Klarheit, gemeinsam ausgearbeitet wurde („A Survey of Proto-Indo-European“, Bremen 2006). Anlage und Umfang blieben unverändert, im Detail wurde jedoch manches nachgetragen, außer einem Abschnitt zum Albanischen (1.1.10) z.B. auch das Rixsche Gesetz (4.3.4). Der Wechsel der Beschreibungssprache konnte auch ein Anlass sein, ein ganzes Konzept neu zu überdenken (Aktionsart).

In die 3. deutsche Auflage sind nun alle Zusätze und Änderungen der amerikanischen Version übernommen, auch manche rein stilistische Verbesserung. Es handelt sich also, wenn auch nur stellenweise spürbar, um eine Rückübersetzung, für deren Zustandekommen ich an dieser

Stelle meinen doppelten Dank ausspreche: Ute Hempen als der Verlegerin, die mir auch jetzt die nötige Freiheit ließ, und James Cathey als dem unermüdlichen, mitunter strengen Diskussionspartner, der eine Unzahl kleiner Verbesserungen selbst vorgeschlagen oder angeregt hat.

Freiburg im Breisgau, den 20. Dezember 2008 Eva Tichy

Vorbemerkungen zur 1. Auflage

Dieses Informations- und Arbeitsheft zu den Grundlagen der Indogermanistik ist nicht als Auftragsarbeit für einen Verlag entstanden, sondern in der Freiheit der akademischen Lehre als Vorlesungsskriptum herangewachsen. Die betreffende Vorlesung fand erstmals im Sommersemester 1998 an der Universität Freiburg im Breisgau statt; sie richtete sich in erster Linie an Studierende der allgemeinen Sprachwissenschaft und damit – da letztere Disziplin in Freiburg üblicherweise als Nebenfach zu einem philologischen Hauptfach gewählt wird – an Studierende der Germanistik, Anglistik, Romanistik, Slavistik und Indologie. Studierende der Indogermanistik und der Klassischen Philologie nahmen ebenfalls teil, waren aber deutlich in der Minderzahl. Aus dieser Genese und Ausrichtung ergab sich eine Reihe von Eigenheiten, die der Druckfassung geblieben sind und die deshalb einleitend erklärt werden sollen.

Vorausgesetzt wird erstens ein wissenschaftliches Interesse an Sprachen, sprachlichen Strukturen und Sprachsystemen, nicht jedoch die (selten vorhandenen) Sprachkenntnisse, die für ein Studium der Indogermanistik erforderlich wären.

Zweitens ist der Stoff in Lektionen eingeteilt und insgesamt auf eine einstündige Lehrveranstaltung (mit jeweils anschließender, etwa halbstündiger Diskussion) im Wintersemester zugeschnitten. Wegen des unterschiedlichen Umfangs der Lektionen kann der Grundsatz „eine Lektion pro Woche“ allerdings nur als Richtmaß dienen.

Drittens: Die Anordnung der Lektionen folgt nur ungefähr dem traditionellen Aufbauschema „Allgemeines – Lautlehre (– nominale Wortbildung) – Formenlehre des Nomens (– verbale Wortbildung) – Formenlehre des Verbums (– Syntax), bei dem das Schwergewicht auf historischer Phonologie und Morphologie zu liegen pflegt. Maßgeblich war in diesem Fall das Bestreben, verwendete Termini gleich bei ihrem ersten Auftreten im Sachzusammenhang zu erklären, um später darauf zurückgreifen zu können.

Anstelle einer referierenden Darstellung des aktuellen Forschungsstands wird hier, viertens, eine durchaus persönliche Sicht der Dinge geboten, die von den Kriterien der Materialadäquatheit, Nachprüfbarkeit, Widerspruchsfreiheit und Einfachheit geleitet ist. Was auch nach meinem Dafürhalten einer näheren Überprüfung bedarf und dieser womöglich nicht standhalten würde, ist entsprechend gekennzeichnet und zumeist ins Kleingedruckte verbannt; kleingedruckt heißt also im Zweifelsfall: kein Prüfungsstoff.

Zu ähnlich- oder anderslautenden Aussagen der Fachliteratur sei fünftens bemerkt, dass umfangreichere Einführungen in die Indogermanistik gerade hierüber besonders zuverlässig Auskunft geben. In der Regel wird daher auf diese verwiesen. Darüber hinausgehende Angaben bleiben auf das beschränkt, was entweder anderswo noch nicht genannt werden konnte oder nach den Regeln guter wissenschaftlicher Praxis in dieser Darstellung genannt sein muss.

Von der Vermeidung des griechischen Alphabets und den Erklärungen sprachwissenschaftlicher Termini abgesehen (wobei ersteres als Anhang II beigegeben und letztere durch den terminologischen Index erschlossen sind), werden dem Benutzer dieses Heftes keine Konzessionen gemacht. Es gibt hier weder „erleichterte Fassungen“ für Nichtindogermanisten, noch werden grundsätzlich wichtige, aber schwierig zu vermittelnde oder weitgehend ungeklärte Bereiche des indogermanistischen Lehrgebäudes ausgespart. Wer sich im akademischen Unterricht oder – unter Heranziehung mindestens eines umfangreicheren Einführungswerkes – im Selbststudium das hier Gebotene erarbeitet hat, sollte deshalb in der Lage sein, die ihm sprachlich zugängliche Fachliteratur zu lesen und mit deutschsprachigen Fachleuten in deren Terminologie zu sprechen.

Danken möchte ich zunächst den Teilnehmern und Teilnehmerinnen eines Proseminars zum Thema „Amerikanischer Strukturalismus“, die, durch indogermanische Beispiele bei L. Bloomfield neugierig gemacht, die diesem Heft zugrundeliegende Vorlesung angeregt und durch ihre kritische Aufmerksamkeit in vielen Punkten bestimmt haben. Ich will nicht versäumen, die Namen zu nennen: Mara Borelli de Oliveira Correia, Ruth Hofstötter, Herman Lokmagözyan, Heinrich Maier, Peter O'Connor, Benjamin Stoltenburg, María de las Nieves Vázquez Núñez, Susanne Wagner. Dankbar bin ich aber vor allem auch meinen beiden Mitarbeitern im Freiburger Sprachwissenschaftlichen Seminar. Mit Martin Joachim Kümmel konnte ich von Anfang an alle sachlichen und technischen Schwierigkeiten besprechen; er übernahm beim zweiten Mal das Abhalten der Lehrveranstaltung und half dabei, phonetische und andere Angaben zu vervollständigen und zu präzisieren. Anhang I zur internationalen Lautschrift ist ebenfalls ihm zu verdanken. Irene Hildenbrand erstellte und betreute das Manuskript von den unter Zeitdruck entstandenen Vorlesungsmaterialien bis hin zu der mehrfach korrigierten und erweiterten Druckvorlage. Schließlich danke ich Ute Hempen, dass sie sich als Verlegerin für die Publikation eingesetzt hat, obwohl an Einführungen in die indogermanische Sprachwissenschaft zur Zeit gewiss kein Mangel ist.

Freiburg im Breisgau, den 22. Oktober 2000 Eva Tichy

1. Lektion
Die indogermanische Sprachfamilie

1.0. Gegenstand der Indogermanistik sind Texte, Struktur und Geschichte der indogermanischen Einzelsprachen sowie die vergleichende Rekonstruktion der indogermanischen Grundsprache (des Urindogermanischen). Das rekonstruierte Urindogermanische bildet den Ausgangspunkt für die sprachhistorische Erklärung der einzelsprachlichen Fakten.

Lit.: O. Szemerényi, Einführung in die vergleichende Sprachwissenschaft. 3./4. Auflage. Darmstadt, WBG 1989/1990. S. 32-36.
R.S.P. Beekes, Comparative Indo-European Linguistics: an Introduction. Amsterdam/Philadelphia 1995. S. 2-4.
G. Meiser, Historische Laut- und Formenlehre der lateinischen Sprache. Darmstadt, WBG 1998. S. 24 f.
M. Meier-Brügger, Indogermanische Sprachwissenschaft. 8. Auflage unter Mitarbeit von M. Fritz und M. Mayrhofer. Berlin-New York 2002. S. 1-17 (Hinweise und Stellungnahmen zur Situation des Faches).
B.W. Fortson IV, Indo-European Language and Culture: an Introduction. Malden MA/Oxford/Carlton 2004. S. 13 f.

1.1.0. Übersicht über die wichtigen idg. **Einzelsprachen**, geordnet nach **Sprachzweigen** (s. 1.3)

Lit.: Fortson, IE Language and Culture 6-13 (Allgemeines), 154-411 (Einzelsprachen), 420-426 (Bibliographie). Auch zu jüngeren Sprachstufen und Trümmersprachen; mit kommentierten Textbeispielen.
Meier-Brügger, Idg. Sprachw. 18-42 (auch zu jüngeren Sprachstufen und Trümmersprachen).
Beekes, Introd. 17-30.
Szemerényi, Einf. 9-13 (mit weiterer Lit., bes. Cowgill-Mayrhofer).
R. Schmitt-Brandt, Einführung in die Indogermanistik. Tübingen und Basel 1998 (UTB 1506). S. 21-50 (Schrift, Umschrift und Lautsystem).
Meiser, HLFL 25 f., XXIII-XXVI (Bibliographie).
F. Bader (ed.), Langues indo-européennes. Paris 1994.

Der Gebrauchswert einer idg. Sprache für die Indogermanistik wird bestimmt durch

- Alter, Umfang und inhaltliche Vielfalt der Zeugnisse
- die Zuverlässigkeit der Überlieferung
- die Leistung der verwendeten Schrift im Hinblick auf eine eindeutige Wiedergabe der lautlichen Verhältnisse
- die Aussagekraft der Metrik über Silbenzahl und Silbenquantitäten
- die Bewahrung der uridg. Silbenstruktur und der uridg. Morphemgrenzen
- den Stand der lexikalischen und grammatischen Erschließung, die entsprechende Leistungen auf dem Gebiet der Textedition voraussetzt.

Im übrigen kann die Forschung – und auch die vorliegende Darstellung – durch „Teeter's law" beeinflusst sein (bei C. Watkins, Selected Writings I, Innsbruck 1994, 247): „The language of the family you know best always turns out to be the most archaic."

1.1.1. *Indoiranisch*

a) *Vedisch* (= *Altindoarisch*)
Vom Panjāb aus über Indien verbreitet, ca. 1000 (1200?) bis ca. 500 v. Chr. – Großcorpussprache.
Kultgebundene Dichtung und Prosa: Götterlieder (R̥gveda), Zauberlieder, Opfersprüche. – 'Vedische Prosa': Priesterhandbücher mit Ritualerläuterungen (Brāhmaṇas). – Grammatik: Pāṇini, ca. 500 v. Chr. (s. u. 6.1.3).

Pāṇinis Grammatik bildet die strukturelle Grundlage des Sanskrit (nachvedisches Altindisch: Epos, Drama, religiöse und wissenschaftliche Literatur), das für die Indogermanistik heute praktisch nicht mehr relevant ist.

Alle Texte sind auf mündlicher Basis verfasst, kodifiziert und redigiert, bis in die Gegenwart schulmäßig mündlich überliefert. Schriftliche Aufzeichnung ab 1000 n. Chr. (?), erhaltene Handschriften erst aus dem 2. Jt. (Schrift in Indien seit ca. 300 v. Chr., zunächst für mittelindische Dialekte verwendet).

Lit.: H. Falk, Schrift im alten Indien. Tübingen 1993.
M. Witzel, Artikel „Veda" in Kindlers Literaturlexikon. München 1974. Bd. 22. S. 9838 ff.

Äußerst exakte Überlieferung. Die Schrift (Devanāgarī und Verwandte) unterscheidet sämtliche Phoneme einschließlich der Akzente, dazu auch konditionierte Allophone. Silbenzählende, abschnittsweise zugleich quantitierende (= Längen und Kürzen unterscheidende) Metrik. Uridg. Silbenstruktur nur wenig verändert, uridg. Morphemgrenzen bewahrt. Lexikalisch und grammatisch (bis auf Verbum und Adverb) optimal erschlossen, vollständiger Index der bezeugten Wortformen in Devanāgarī.

Zur Aussprache: *e* und *o* bezeichnen Langvokale, also = [e:], [o:]. Konsonantenzeichen: *bh*, *dh*, *gh* = stimmhaft aspiriert [bʱ], [dʱ], [gʱ], wie *b*, *d*, *g* mit folgendem stimmhaftem Hauch gesprochen. *ś*, *c*, *j* = alveolo-palatales [ɕ], [tɕ], [dʑ] (wie poln. *ś*, *ć*, *dź*). Durch untergesetzten Punkt gekennzeichnetes *ṣ*, *ṭ*, *ḍ* oder *ṇ* ist retroflex, d.h. wird mit dem Zungenkranz am harten Gaumen artikuliert: [ʂ] usw.; die Artikulationsstelle war ursprünglich mit der des Zungen-*r* identisch, also vielleicht eher postalveolar.

b) *Altiranisch*

α) *Avestisch*, aus Ostiran stammend. Zwei Dialekte:
Altavestisch, die Sprache Zarathustras, 9. Jh. v. Chr. (?) – Kleines Corpus: Religiöse Lieder (Gāthās), zentraler Text zur Feuerverehrung, Gebete.
Jungavestisch, ca. 700-500 v. Chr. – Verehrungstexte (Yašts), Gesetzbuch (Vīdēvdād), religiöse Gebrauchstexte.
Alle avestischen Texte sind mündlich verfasst, kodifiziert und redigiert. Schriftliche Aufzeichnung wohl im 4. Jh. n. Chr., phonetisches (!) Alphabet.
Überlieferung fehlerhaft, die Schreibungen bedürfen sprachhistorischer Interpretation. Silbenzählende Metrik in den Gāthās, streckenweise auch den Yašts.

β) *Altpersisch*, in der Persis, Sprache des Darius und Xerxes, 522-486 bzw. 486-465 v. Chr. – Kleines Corpus: Königsinschriften, meist auf Stein.
Keilschrift mit orthographischen Regeln, unvollständige Wiedergabe der Phoneme, Silbenstruktur interpretationsbedürftig.

Lexikalisch, in Teilbereichen (av. Verbum) auch grammatisch gut erschlossen.

Zur Aussprache: *c*, *j* = [tʃ], [dʒ]; avest. *ə* und ap. *ạ* bezeichnen den zentralen Mittelzungenvokal [ə], das 'Schwa' (wie unbetontes *e* im Dt.).

1.1.2. *Griechisch (Altgriechisch)*
Großcorpussprache, in zahlreichen Dialekten.

a) *Mykenisch*
14. bis 12. Jh. v. Chr.
Verwaltungstexte in Listenform.
In Linear B auf Tontäfelchen; Bezeichnung der Phoneme in mehrfacher Beziehung defektiv.

b) *Homerische Sprache*
Epische Kunstsprache auf ionischer Dialektbasis mit dialektfremden, hauptsächlich äolischen Bestandteilen.
Ilias (Werk Homers im engeren Sinne) und Odyssee (vom gleichen Dichter?), 8. Jh. v. Chr.
In mündlicher Tradition stehend und wohl auch mündlich verfasst, aber wenig später schriftlich aufgezeichnet (Alphabetschrift in Griechenland seit Anfang des 8. Jh. v. Chr.).

c) *Ionisch-Attisch*
Die vorherrschende Literatur- und Inschriftensprache in verschiedenen Gattungen und lokalen Ausprägungen, ca. 700-300 v. Chr., fortgesetzt in der Koinē.

d) außer-ionisch-attische Dialekte: *Nordwestgriechisch*, *Dorisch*, *Äolisch*, *Arkado-Kyprisch*, *Pamphylisch*
Zahlreiche, z.T. umfangreiche Inschriften. Dichtung: äolische Lyrik, dorische Chorlyrik und Komödie. 7. Jh. v. bis 2. Jh. n. Chr.

Uridg. Vokalphoneme bewahrt, aber in der Schrift nicht durchweg unterschieden. Quantitierende und zugleich entweder silben- oder taktzählende Metrik. Akzentbezeichnung jung (seit ca. 200 v. Chr.), doch im

allgemeinen sprachhistorisch korrekt. Uridg. Silbenstruktur weitgehend bewahrt, Morphemgrenzen in nachmykenischer Zeit jedoch oft durch Konsonantenschwund verdunkelt (*s, *u̯, *i̯ > Ø).
Lexikalisch und grammatisch gut erschlossen, Wortindizes zu allen wichtigen Autoren.

Zur Aussprache: *ei* und *ou* bezeichnen im klassischen Attischen als Digraphe die geschlossenen Langvokale [e:] und [o:] bzw. (später) [u:]. Alleinstehendes *u* = [y] entspricht dt. *ü*; im Griechischen steht hier wie auch in *eu*, *au*, *ou* der Buchstabe Ypsilon. Vgl. auch Anhang II: Griechische Schrift.

1.1.3. *Anatolisch* auf dem Gebiet der heutigen Türkei. Mehrere Sprachen:

a) *Hethitisch*
Drei Sprachstufen, oder vielmehr zwei Sprachstufen und eine Übergangsperiode, vom 16. Jh. bis etwa 1200 v. Chr. Großcorpussprache, laufend weitere Funde.
Archivierte Texte der im Alten Orient üblichen Gattungen auf Tontafeln: historische Texte, Rechtstexte, den Staatskult Betreffendes u. a.
Ältest bezeugte idg. Sprache mit umfangreichen Originaldokumenten. Ein Großteil der Texte weist jedoch Lücken auf oder ist nur fragmentarisch überliefert.
Bezeichnung der Phoneme in der Keilschrift z.T. inkonsequent, Silbenstruktur interpretationsbedürftig. Die uridg. Morphemgrenzen sind bewahrt.

b) Kleinere anatolische Sprachen: *Palaisch*, *Keilschrift-* und *Hieroglyphenluwisch*, *Lykisch*, *Lydisch* u. a.
Kleincorpus- und Trümmersprachen aus dem 2. und 1. Jt. v. Chr.; Originaldokumente in unterschiedlichen Schriften.

Der Zugang zu den sprachlichen Fakten ist nach wie vor mühevoll, obwohl Lexikon, Phonologie, Morphologie und Syntax seit etwa 1970 schwerpunktmäßig bearbeitet werden. Die hethitischen Texte sind inzwischen weitgehend ediert, teilweise auch in Umschrift, darüber hinaus wird das gesamte Material (auch Neufunde) elektronisch verfügbar gemacht. Für die Kleincorpussprachen existieren (nahezu) vollständige Textausgaben und Wörterbücher. Eine ausführliche hethitische Grammatik auf dem aktuellen Forschungsstand ist ein Desiderat, soll aber in Kürze erscheinen.

Zur Aussprache: *ḫ* (in vereinfachter Umschrift *h*) der Keilschriftsprachen bezeichnet einen hinteren Reibelaut, wahrscheinlich uvulares [χ] (*ach*-Laut) oder pharyngales [ħ].
Im Vergleich zu anderen idg. Sprachen zeigt das Hethitische bzw. Anatolische so auffällige strukturelle Besonderheiten, dass man geradezu vom 'Sonderweg des Hethitischen' gesprochen hat; vgl. dazu unten 5.1.3, 7.1.4, 8.7, 9.2.3 a, 9.2.5 a, 9.4.3, 12.3, 13.1, 13.3.0 und 15.3 am Ende.

1.1.4. *Italisch*

a) *Lateinisch*
Ursprünglich Dialekt der Stadt Rom. Großcorpussprache.
Archaische Inschriften vom Ende des 7. bis zum 5. Jh. v. Chr. Altlateinische Inschriften und alat. Literatur unter griechischem Einfluss vom 3. Jh. bis ca. 150 v. Chr.: Scipionenelogien, Senatus Consultum de Bacchanalibus; Komödien (Plautus, Terenz), Sachbuch über Landwirtschaft (Cato), weiteres in fragmentarischer Überlieferung (Naevius, Ennius u. a.). Umfangreiche Literatur im Klassischen Latein.
Metrik: Mit Ausnahme eines archaischen Versmaßes (Saturnier) quantitierend und zugleich silben- oder taktzählend.

b) *Sabellisch* (= *Oskisch-Umbrisch*)
α) *Umbrisch*
Bronzetafeln aus Iguvium (heute Gubbio) mit Ritualanweisungen, teils 3., teils 1. Jh. v. Chr.; kleinere Inschriften ab dem 6. Jh.
β) *Oskisch*
in Mittel- und Süditalien. Inschriften vom 4. Jh. v. bis kurz vor 79 n. Chr. (Pompei).

c) Weitere italische Dialekte in Inschriften, beginnend mit dem 7. Jh. v. Chr.

Die Schrift (teils über etruskische Vermittlung aus einem griechischen Alphabet abgeleitet, teils griechisch) ermöglicht keine konsequente Unterscheidung der Vokalphoneme.
Uridg. Silbenstruktur vielfach verändert, Morphemgrenzen verdunkelt.
Lexikalisch und grammatisch gut erschlossen.

Zur Aussprache: V = *u/v* steht für vokalisches *u* oder konsonantisches *u̯* = [w]. Lat. *ae*, *oe* sind Diphthonge [ae̯], [ɔe̯]; *c* ist in allen Stellungen = [k]; *gu* ist vor Vokal meist = [gʷ], die stimmhafte Entsprechung zu *qu* = [kʷ]. Sabell. *f* gibt inlautend wohl stimmhaftes bilabiales [β] oder labiodentales [v] wieder. Die mit *í*, *ú* transliterierten osk. Buchstaben bezeichnen geschlossenes [e], [o] (im Unterschied zu *e*, *o* = [ɛ], [ɔ]).

1.1.5. *Keltisch*

a) *Festlandkeltisch*
α) *Gallisch*
Trümmersprache, kurze Inschriften vom 5. Jh. v. bis 3. Jh. n. Chr.
β) *Keltiberisch*
Zwei sprachlich ergiebige Inschriften, eine lange Namenliste, anderes kurz, 2. und 1. Jh. v. Chr.

b) *Inselkeltisch*
α) *Altirisch* (*Goidelisch*)
In Bezug auf die faktische Bezeugung Kleincorpussprache.
Ogam-Inschriften ca. 400-600 n. Chr.
Originalquellen für archaisches und klassisches Altirisch sind Glossen (= Worterklärungen und Randbemerkungen) zu lateinischen Texten hauptsächlich aus dem 8. bis 10. Jh. n. Chr. Literarische Texte besitzen wir, außer ein paar kurzen Gedichten, nur in sprachlich modernisierter Form (Handschriften aus dem 12. bis 16. Jh. und später).
β) *Britannische Sprachen*, darunter *Kymrisch* (*Walisisch*) und *Bretonisch*.
Ein kurzer Text und Glossen vom Ende des 8. Jahrhunderts bis Anfang 12. Jh. n. Chr. (*Altkymrisch*); umfangreiche mittelkymrische Literatur vom 12. bis 14. Jh.

Bezeichnung der Phoneme defektiv und inkonsequent, Schreibungen interpretationsbedürftig.

Uridg. Silbenstruktur stark verändert, Morphemgrenzen stark verdunkelt.
Lexikalisch und grammatisch gut (Altirisch) bzw. weniger gut (Kymrisch) erschlossen.

Zur Aussprache: Konsonanten meist wie lat., auch *c* immer = [k]. Air. *ph*, *th*, *ch* = Frikative [f, θ, x]; *b*, *d*, *g* = anlautend [b, d, g], sonst meist Frikative [β, ð, ɣ]; *p*, *t*, *c* = in- und auslautend auch [b, d, g]. Kymr. *ch* = [χ], *dd* = [ð], *f* = [v], *ff* = [f], *ll* = lateraler Frikativ [ɬ], *ng* = [ŋ], *rh* = stimmloses *r*, *th* = [θ], *w* = [w]. Vokallänge wird im Air. durch Akut bezeichnet: *á* = [a:] usw.; dort können Vokalbuchstaben auch als Hilfszeichen für palatale bzw. nichtpalatale Artikulation der Konsonanten verwendet werden. Kymr. *w* ist auch Vokalzeichen = [u]; mkymr. *u* = [y]; *y* in letzten Silben = [ɨ], sonst = [ə].

1.1.6. *Germanisch*

a) *Ostgermanisch*: *Gotisch*
Bibelübersetzung des Wulfila (311-382), in Teilen überliefert; die Evangelien im Codex Argenteus, ca. 500 n. Chr. Ferner Bruchstücke eines Kommentars zum Johannesevangelium (sog. Skeireins) und wenige weitere Texte.
Die Schrift ist weitgehend phonemisch, doch werden Vokalquantitäten meist nicht unterschieden.

b) *Nordgermanisch*, darunter als ältest bezeugte Vertreter
Runennordisch in Inschriften von ca. 200 n.Chr. bis ca. 800;
Altisländisch, ca. 800 bis ca. 1500. – Großcorpussprache: Runeninschriften sowie Eddalieder, Skaldendichtung und Sagas in Handschriften ab ca. 1150.
Die Schrift (der Handschriften) erlaubt eine genaue Bezeichnung aller Phoneme; in der Schreibpraxis kommt es jedoch zu Inkonsequenzen.

c) *Westgermanisch* mit den Sprachen
Altenglisch, von ca. 700 bis 1066, in drei Hauptdialekten;
Altfriesisch, ca. 1300-1550;
Altsächsisch (= *Altniederdeutsch*), von ca. 830 bis ca. 1000, 'klassisches Westgermanisch', jedoch ebenfalls dialektal gegliedert;
Altniederfränkisch (= *Altniederländisch*), 9. bis 12. Jh.;

Althochdeutsch, vom 8. Jh. bis ca. 1100, stark dialektal gegliedert. Epische Stabreimdichtung, theologische und weltliche Prosaliteratur, Gebrauchstexte verschiedenster Art und Glossen. Schreibung oft inkonsequent.

Die uridg. Silbenstruktur ist in End- und teilweise auch Binnensilben stark verändert; Morphemgrenzen sind dadurch oft aufgehoben. Lexikalisch und grammatisch teils gut, teils weniger gut erschlossen.

Zur Aussprache: *þ*, *ð* bezeichnen wie engl. *th* den stimmlosen und stimmhaften (inter)dentalen Frikativ [θ], [ð]. Gotisch *q*, *ƕ* stehen für [kʷ, hʷ], also labialisiertes *k*, *h*. Vokalbezeichnung im Gotischen: *i* = kurzes [ɪ]. *ei* = [iː], *e* = [eː] und *o* = [oː] bezeichnen Langvokale. *ai* = [ɛ] und (wahrscheinlich) [ɛː], *au* = [ɔ] und (wahrscheinlich) [ɔː]; als Zeichen für Kurzvokale werden die beiden letzteren in interpretierender Umschrift durch *aí*, *aú* wiedergegeben. Im Altnordischen wird Vokallänge durch Akut bezeichnet: *á* = [aː] usw.

1.1.7. *Baltoslavisch*

a) *Slavische Sprachen*

Die ältest bezeugte, dem Urslavischen (s. 1.5) noch recht nahe stehende Sprache ist das *Altkirchenslavische* oder *Altbulgarische*, das nach 863 n. Chr. zur Literatursprache wurde; erhaltene Handschriften und Inschriften seit Ende 10. Jh. – Großcorpussprache.
Übersetzungen der vier Evangelien und weiterer kirchlicher Texte; Sprache der religiösen Literatur.
Die Schrift (glagolitisch, jünger kyrillisch) ermöglicht eine genaue Wiedergabe aller Phoneme, abgesehen vom Wortakzent, für den auf moderne slavische Sprachen zurückgegriffen werden muss.
Uridg. Silbenstruktur stark verändert, Morphemgrenzen verdunkelt.
Lexikalisch teilweise gut, grammatisch nicht in allen Bereichen hinreichend erschlossen.

Zur Aussprache: *c* bezeichnet die alveolare Affrikata [ts]; *š*, *ž*, *č* bezeichnen die palatoalveolaren Frikative [ʃ], [ʒ] und die Affrikata [tʃ]. Abg. *ę*, *ǫ* bezeichnen die nasalierten Vokale [ɛ̃], [ɔ̃]; *ě* steht für ehemals langes *e*, Aussprache im Abg. wohl etwa [ɛː]; *y* bezeichnet einen hohen Zentralvokal [ɨ].

b) *Baltische Sprachen: Litauisch, Lettisch, Altpreußisch*
Texte seit dem 16. Jh. n. Chr. im Gefolge der lutherischen Reformation (Katechismus), zunächst deutsche Orthographie. Im Lit. und Lett. moderne Literatur in phonematisch getreuer Wiedergabe, ausgenommen die Akzente bzw. Silbenintonationen; Tonbandaufnahmen.
Uridg. Silbenstruktur weitgehend bewahrt, Morphemgrenzen deutlich erkennbar.
Lexikalisch und grammatisch gut, als lebende Sprachen mit Dialekten (Ausnahme: Altpreußisch, Kleincorpussprache) jedoch nicht vollständig erschlossen.

Zur Aussprache: *c*, *š*, *ž*, *č* wie im Slavischen. Lit. *ą*, *ę*, *į*, *ų* stehen für ehemals nasalierte Langvokale, *y* bezeichnet langes [i:], *ė* langes geschlossenes [e:], *e* offenes [ɛ] oder [æ].

1.1.8. *Tocharisch*

Zwei Sprachen, bezeugt für das 6. bis 8. Jh. n. Chr.:
a) *Osttocharisch* (*Toch. A*)
b) *Westtocharisch* (*Toch. B*).
Übersetzungen und freie Nachschöpfungen buddhistischer Erzähl- und Sachliteratur in Dichtung und Prosa, mehr oder weniger fragmentarisch erhalten. In Sprache B außerdem Gebrauchstexte (auch Originaldokumente). Mit Neufunden ist jederzeit zu rechnen.
Fast alle Texte sind in einer Variante der indischen Brāhmī-Schrift ('nordturkestanische Brāhmī') mit zusätzlichen Sonderzeichen geschrieben; in Sprache B wurde eine kursive Variante entwickelt ('Klosterschrift'). Die Schrift gibt alle Phoneme exakt wieder; Leseschwierigkeiten ergeben sich aus individuellen Eigenheiten der Schreiber, vor allem aber aus dem fragmentarischen Zustand der Texte. In Zweifelsfällen muss die Lesung am Original überprüft werden.
Silbenzählende Metrik.
Die uridg. Silbenstruktur ist in A und B auf unterschiedliche Weise verändert, Morphemgrenzen sind aber im allgemeinen bewahrt.
In den letzten Jahrzehnten wurde die phonologische, morphologische und lexikalische Erschließung intensiv vorangetrieben; die Texte wur-

den digital zugänglich gemacht, neues Material außerdem in Buchpublikationen.

Zur Aussprache: indische Schrift, daher im Prinzip wie unter 1.1.1 a, jedoch ohne Unterscheidung kurzer und langer Vokale; *ā* = [a], *a* ≈ mittlerer Mittelzungenvokal [ə], *ä* = hoher Mittelzungenvokal [ɨ].

1.1.9. *Armenisch* (*Altarmenisch*)

Großcorpussprache. Übersetzungen christlicher Texte, beginnend mit einer Evangelienübersetzung aus dem frühen 5. Jh. n. Chr. (älteste Handschrift aus dem Jahre 887), im 9. Jh. auch Geschichtsschreibung und wissenschaftliche Literatur.
Die Schrift ermöglicht eine genaue Bezeichnung aller Phoneme.
Uridg. Silbenstruktur stark verändert, Morphemgrenzen jedoch vielfach bewahrt. Ein großer Teil des Wortschatzes ist aus dem Iranischen entlehnt, dazu kommen Lehnwörter unbekannter Herkunft.
Die Evangelienübersetzung ist lexikalisch sehr gut, das übrige Material nur unzureichend erschlossen. Bisher noch keine hinreichend ausführliche Darstellung der Grammatik.

Zur Aussprache: *ow* = [u]; *c* = [ts] und *j* = [dz] stehen im Gegensatz zu *č* = [tʃ] und *ǰ* = [dʒ]. Ein nachgesetztes Häkchen bezeichnet Aspiration, also *c*ʿ = [ts^h], *k*ʿ = [k^h] usw. (in älteren Publikationen stehen für *c*ʿ, *č*ʿ noch *ç*, *ç̌*).

1.1.10. *Albanisch*

Lebende Sprache mit zwei Dialekten, *Gegisch* und *Toskisch*, und zahlreichen Dialektvarianten. Am Anfang der Bezeugung stehen Fragmente aus der 2. Hälfte des 15. Jahrhunderts n. Chr. und christliche Texte aus dem 16. Jh.
Uridg. Silbenstruktur stark verändert, Morphemgrenzen aufgehoben. Große Teile des Wortschatzes sind aus den verschiedenen Nachbarsprachen entlehnt.
Lexikalisch und grammatisch lange vernachlässigt, seit den 90er Jahren des letzten Jahrhunderts jedoch sehr viel besser zugänglich.

1.2. Über die Zugehörigkeit einer Sprache zur idg. Sprachfamilie entscheidet die systematische Beteiligung an **Entsprechungsreihen**. Beispiele:

(1) Nom. Sg. m. 'Vater'
ved. *pitā́* = aav. *ptā* = jav. *pita* = ap. *pitā*
= gr. *patḗr*
= lat. *pater*
= air. *ath(a)ir* (nicht palatalisiertes [θ] vor *i*)
= got. *fadar* = aisl. *faðir/faþer* (je nach Orthographie) = ae. *fæder* = as. *fader* = ahd. *fater*
= toch. A *pācar*, B *pācer*
= arm. *hayr*

(2) 1. Sg. Präs. Akt. 'ich frage'
aav. *pərᵊsā* ~ ved. *pr̥cchā́mi*, ap. *pạrsāmiy* [pərsa:mij]
= lat. *poscō* (durch interne Rekonstruktion auf **pork-skō* rückführbar, vgl. *prec-ēs* 'die Bitten')
= air. *arco/arcu* ~ mkymr. *archaf* (Ausgang geneuert)
~ ahd. *forscōm* (Präsensstamm erweitert)
~ lit. *peršù* 'ich freie für jd.' (Präsensstamm neugebildet)
~ toch. A *praksam*, B *preksau* (Präsensstamm neugebildet)
~ arm. *harcʻanem* (Präsensstamm erweitert)

Laut-für-Laut-Entsprechungen werden als **Gleichungen** bezeichnet (Symbol =); bei unvollständigen Gleichungen muss man sich anders behelfen (hier: Symbol ~). Es gibt aber auch zufallsbedingte Scheingleichungen, z.B.

(3) gr. *theós* ≠ lat. *deus* ≠ aztekisch *teotl* 'Gott', zu den ersten beiden vgl. Beispiel (32) und (33).

Ob im Einzelfall eine Gleichung, eine sonstige Entsprechung (unvollständige Gleichung) oder eine Scheingleichung vorliegt, ist anhand von Lautgesetzen (s. 2. Lektion) und grammatischen Regeln feststellbar.

Die Entsprechungsreihen zwischen Wörtern (Wortstämmen und Flexionsformen) der idg. Einzelsprachen sind nicht vollständig gesammelt, obwohl sie die faktische Grundlage des Sprachvergleichs und der vergleichenden Rekonstruktion darstellen. Entsprechungen zwischen Verbalstämmen – außer Denominativa – erfasst jedoch das „Lexikon der indogermanischen Verben" von H. Rix, M. Kümmel u. a., Wiesbaden ¹1998, ²2001. Einen gewissen Ersatz bieten im übrigen **etymologische Wörterbücher**, die das Sprachmaterial nach Wortsippen gliedern (vgl. unten 6.1.2; zwischen Gleichungen und sonstigen Entsprechungen wird, im Vertrauen auf die sprachhistorischen Kenntnisse des Benutzers, selten explizit unterschieden). Hinzu kommen die Lautlehre-Kapitel der Handbücher zum Indogermanischen, Altirischen, Slavischen usw., die von Junggrammatikern (s.u. 2.2) oder in junggrammatischer Tradition verfasst sind.

Lit.: J. Pokorny, Indogermanisches etymologisches Wörterbuch. Bern/München 1959, S. 829 ('Vater') und 821 f. ('fragen'); LIV¹ 442 f. oder ²490 f.

1.3. Aus dem Vergleich zwischen Entsprechungsreihen ergibt sich eine Gruppierung der idg. Einzelsprachen nach **Sprachzweigen** (s. 1.1). So ist den Beispielen (1) und (2) unter anderem folgendes zu entnehmen:

a) Anlautendem *p-* im Vedischen, Griechischen, Lateinischen usw. entspricht
- in bestimmten Sprachen (den keltischen) Ø
- in bestimmten anderen Sprachen (den germanischen) *f-*
- in einer weiteren Sprache *h-* (das Armenische bildet einen Sprachzweig für sich).

b) Dem Vokal *a* in der ersten Silbe des Wortes für 'Vater', den das Griechische, Lateinische, Keltische usw. zeigen, entspricht
- in den indoiranischen Sprachen *i* oder Ø.

Auf diese Weise könnte und müsste theoretisch die Gesamtmenge der Entsprechungsreihen ausgewertet werden. Praktisch ist diese Arbeit jedoch bereits getan, mit dem unter 1.1 dargestellten Ergebnis.

Ein idg. Sprachzweig besteht somit in einer Sprache oder Gruppe von Sprachen, die von den übrigen idg. Sprachen durch mindestens eine charakteristische Abweichung geschieden ist, die in allen gleichartigen Fällen regelhaft wiederkehrt.

1.4. Regelhafte Abweichungen der genannten Art werden in der Indogermanistik **sprachhistorisch** interpretiert und erklärt. Dies führt z. B. zu folgenden Aussagen:

a) Anlautendes **p*- der idg. Grundsprache ist
- im Vedischen, Griechischen, Lateinischen usw. durch *p*- fortgesetzt
- im Keltischen durch Ø (geschwunden)
- im Germanischen durch *f*-
- im Armenischen durch *h*-.

b) Ein noch näher zu bestimmender Laut der idg. Grundsprache (der Laryngal *h_2, s. u. 4.1-4, bes. 4.3.6) ist
- im Griechischen, Lateinischen, Keltischen usw. durch *a* fortgesetzt
- im Indoiranischen durch *i* oder Ø.

Indogermanische Einzelsprachen können den uridg. Laut entweder (fast) unverändert fortsetzen oder in diesem Punkt geneuert haben. Anzeichen und auch Beweis dafür, dass Einzelsprachen miteinander eng verwandt sind und zum selben Sprachzweig gehören, ist eine **gemeinsame Neuerung**. Die Wörter für 'Vater', 'fünf' und 'Fuß' beginnen in allen germanischen Sprachen mit *f*-, im Unterschied zu ererbtem *p*- in der Mehrzahl der idg. Sprachen (vgl. gr. *patḗr*, *pénte*, *poús*), weil in ihrer gemeinsamen Vorstufe ein Lautwandel **p* > *f* eingetreten ist (germanische Lautverschiebung).

1.5. Hinter sprachhistorischen Aussagen vom Typ 1.4 a steht eine vereinfachte, fächerförmige Variante des **Stammbaummodells**. Im speziellen Fall hat es die Form

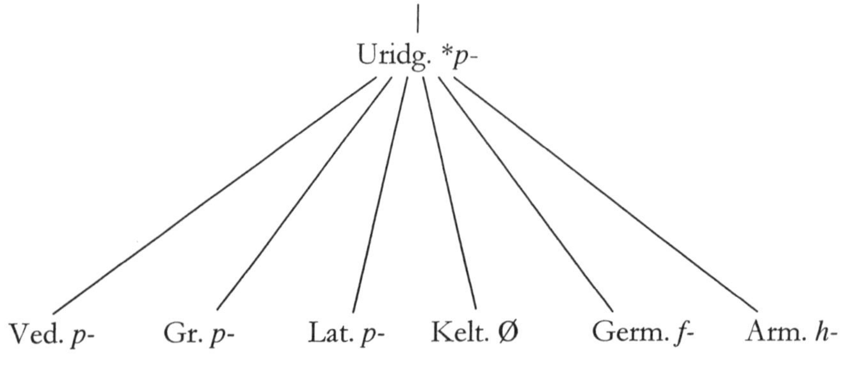

De facto wird das Stammbaummodell allerdings mehrstufig angewandt, um auch die Verwandtschaftsverhältnisse innerhalb einzelner Sprachzweige anzugeben. Zu diesem Zweck werden **Zwischengrundsprachen** eingeführt (z. B. das Urindoiranische, Uritalische oder Urgermanische), in klaren Fällen auch Zwischengrundsprachen zweiten und höheren Grades (Uriranisch, Urostiranisch bzw. Ur-Latino-Faliskisch).

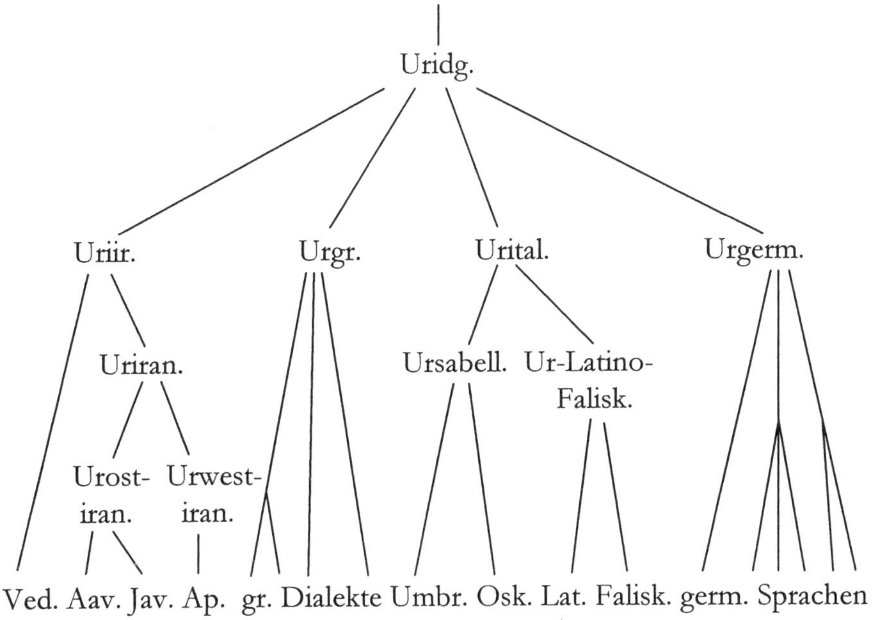

Das Stammbaummodell beschreibt die historische Deszendenz indogermanischer Sprachzweige und Einzelsprachen, soweit sie aus sprachhistorischen Aussagen aufgrund von Entsprechungsreihen hervorgeht (s. 1.2-4). Über den Verlauf der ersten idg. **Sprachtrennung** ist diesem Modell dagegen nichts zu entnehmen. Die Wahrscheinlichkeit spricht für eine sukzessive Ausgliederung der Sprachzweige durch Verfestigung von Dialektgrenzen. Anhand des Sprachmaterials lässt sich eine solche Annahme jedoch nicht beweisen, weil in dem fraglichen Zeitraum anscheinend kein nachweisbarer, hinreichend charakteristischer Sprachwandel eingetreten ist (etwa in der Weise, dass uridg. **s* in dem zuerst ausgegliederten Sprachzweig erhalten geblieben, in allen übrigen dagegen durch gemeinsame Neuerung zu **h* geworden wäre). Ein derzeit kursierender Vorschlag, demzufolge zuerst das Anatolische und an zweiter Stelle das Tocharische ausgegliedert worden wäre, gab teils den Anstoß zu Teeter's law, teils scheint er es zu bestätigen (s. 1.1.0).

Lit.: Fortson, IE Language and Culture 8-11, 155, 352.
Beekes, Introd. 2-4, 30 f.
Ph. Baldi, An Introduction to the Indo-European Languages. Carbondale/ Edwardsville 1983. Graphik auf dem hinteren Vorsatz: A Family Tree of the Indo-European Languages.
Meier-Brügger, Idg. Sprachw. 57-70.

1.6. Ein Verwandtschaftsverhältnis zwischen zwei idg. Einzelsprachen besteht nach dem Stammbaummodell, das in diesem Punkt allgemein als verbindlich gilt, nur über die nächste gemeinsame **Grundsprache**. So ist z. B. das Lateinische
- über das Ur-Latino-Faliskische mit dem Faliskischen verwandt
- über das Uritalische mit dem Oskischen verwandt
- über das Urindogermanische mit dem Griechischen verwandt.

Ein lateinisches Wort kann daher normalerweise weder aus einer oskischen noch aus einer griechischen Entsprechung hergeleitet werden, sondern nur aus der gemeinsamen uritalischen bzw. urindogermanischen Vorform, die im Bedarfsfall zu diesem Zweck rekonstruiert werden muss. Ausgenommen sind lateinische Entlehnungen aus dem Sabellischen oder Griechischen, z. B. *bōs* 'Rind' ← uridg. *$*g^{w}\acute{o}\underset{\frown}{u}s$* mit sabellischer Vertretung des Labiovelars (Akk. Sg. umbr. *bum*, vgl. unten 10.3, 5. Abs.) oder *tūs* 'Weihrauch' ← gr. *thúos* mit Lautsubstitution *t* für gr. *th* < uridg. *$*d^{h}$*, das im Lat. *f* ergeben hätte (vgl. gr. *thūmós* 'Mut' = lat. *fūmus* 'Rauch' = ved. *dhūmás* 'Rauch').

Zur Selbstkontrolle:
1. Welche idg. Einzelsprachen tragen wohl am meisten zur Rekonstruktion des Uridg. bei, und aus welchen Gründen?
2. Was versteht man unter einer idg. Gleichung?
3. Wie wäre das gegenseitige sprachhistorische Verhältnis der in Beispiel (1) genannten Wörter anhand des Stammbaummodells zu beschreiben?

2. Lektion
Theoretische Grundlagen I: Lautgesetze

2.1. Aussagen über die Verwandtschaftsverhältnisse zwischen idg. Sprachen beruhen, soweit sie zuverlässig sind, fast immer auf der Anwendung von **Lautgesetzen** (kurz für: diachrone phonologische Regeln über normbildende Lautveränderungen, besonders deren Resultate). Das gleiche gilt auch für Aussagen zur Geschichte einzelsprachlicher Wörter oder Wortformen und für die Rekonstruktion grundsprachlicher Vorformen. Anhand der – heute meist bekannten – Lautgesetze können Verwandtschaftshypothesen, Herleitungen und Rekonstrukte auf eine annähernd objektive Grundlage bezogen und so überprüft, ggf. auch falsifiziert werden. Das macht die Indogermanistik im Rahmen der Geisteswissenschaften zu einer (weitgehend) exakten Wissenschaft.

2.2. Die Lautgesetze werden im Sinne eines grundlegenden methodischen Postulats als **ausnahmslos** betrachtet, wobei bestimmte Einschränkungen gelten: gleicher Ort, gleiche Zeit, gleiche Sprachschicht; gleiche oder vergleichbare Lautumgebung.

Die klassische Formulierung lautet:
„Aller Lautwandel, soweit er mechanisch vor sich geht, vollzieht sich nach ausnahmslosen Gesetzen, d.h., die Richtung der Lautbewegung ist bei allen Angehörigen einer Sprachgenossenschaft, außer dem Fall, dass die Dialektspaltung eintritt, stets dieselbe, und alle Wörter, in denen der der Lautbewegung unterworfene Laut unter gleichen Verhältnissen erscheint, werden ohne Ausnahme von der Änderung ergriffen.“ (Aus dem sog. junggrammatischen Manifest von 1878, in Auszügen bei H. Arens, Sprachwissenschaft, 2. Auflage. Freiburg/München 1969. S. 339-346.)

Vorbedingung für die Ausnahmslosigkeit der Lautgesetze ist es, dass die betreffenden Lautwandelprozesse ungestört zum Abschluss gekommen sind, so dass alle in Frage kommenden Wörter davon erfasst wurden und ihre Resultate zeigen. Wer mit altidg. Großcorpussprachen umgeht, findet normalerweise diesen Zustand vor. Anders verhält es sich mit Inschriftencorpora, wenn die Entwicklung im belegten Zeitraum noch im Gange war, sowie mit Verkehrs- oder Literatursprachen auf uneinheitlicher Dialektbasis.

2.3. Nach der oben zitierten Definition sind Lautgesetze sprachspezifisch und gelten in der betreffenden Sprache auch immer nur für eine begrenzte Zeit. In der Praxis gilt ein Lautgesetz dann als korrekt formuliert, wenn es das relevante Sprachmaterial vollständig erfasst und zu erklären vermag, unabhängig davon, ob auch der phonetische Ablauf in allen Punkten nachvollziehbar ist. Lautsysteme unterschiedlicher Sprachen enthalten jedoch vielfach Laute, die (fast) gleich artikuliert werden, in (fast) den gleichen Lautumgebungen erscheinen und parallele Lautentwicklungen durchmachen, mit (fast) den gleichen Resultaten. Ein Beispiel für unabhängige, aber weitgehend parallele Lautentwicklungen bietet der konditionierte Wandel **s* > *h*, der einerseits durch das Altiranische und andererseits durch das Griechische vorausgesetzt wird (mit späterem, zeitlich abgestuftem *h*-Schwund in den griechischen Dialekten).

(4) Uridg. **s* wird anlautend vor Vokal und inlautend zwischen Vokalen zu *h*, neben einem stimmlosen Konsonanten bleibt *s* erhalten. (In einigen anderen Umgebungen, auf die es hier nicht ankommt, sind die Resultate im Iranischen und Griechischen verschieden, z.B. unmittelbar vor *-n-*.)

a) 3. Sg. uridg. *h_1*és-ti* 'er/sie/es ist'
> ved. *ásti* = aav. *astī* = jav. *asti* = ap. *astiy* (iir. *a* < idg. **e*)
= gr. *ésti*(*n*) (zum Akzent s.u. 5.3.2)
= lat. *est* < **esti*
= abg. *jestъ*, russ. *est'* < **esti*

b) 2. Sg. uridg. *h_1*ési* (< voruridg. **h_1*és-si*) 'du bist'
> ved. *ási* = aav. ***ahī*** = jav. ***ahi*** = ap. ***ahạy*** [ahəj]
= gr. *eĩ* (< **é**hi***)
= lat. *es* (< **esi*)
~ abg. *jesi* (<**esei̯*, im Ausgang umgebildet)

2.4. Die griechische Form *eĩ* 'du bist' weicht strukturell sowohl von der zugehörigen 3. Sg. *ésti* als auch von sonstigen Formen der 2. Sg. so stark ab, dass sie in einzelnen Dialekten morphologisch verdeutlicht wurde:

- äol. *essi* (mit Endung *-si* als Entsprechung zu *-ti* in *esti*)
- ion. *eis* (mit Endung *-s*).

Da die Verdeutlichung grundsätzlich 'analog' nach in der Sprache vorhandenen Mustern erfolgt (hier: Formen der 2. Sg. mit Endung *-si* bzw. *-s*), spricht man in solchen Fällen von **Analogie** bzw. **analogischer Neuerung**.
Wenn ein Lautgesetz strukturell undurchsichtige Formen erzeugt, z. B. durch Aufhebung einer Morphemgrenze, wird seine Wirkung oft, aber nicht regelmäßig durch Analogie rückgängig gemacht. (Uridg. **$h_1$ési* wurde z. B. nicht zu *†$h_1$és-si* verdeutlicht, sonst hätte das Lautgesetz **s* > *h*, das für einfaches *s* zwischen Vokalen gilt, in dieser Wortform gar nicht eintreten können!)

2.5. Die Wirkung des Lautgesetzes **s* > *h* war sowohl im Altiranischen als auch im Griechischen **zeitlich begrenzt**. Ein durch einzelsprachliche Entwicklung neu entstandenes *s* wird auf beiden Seiten nicht mehr erfasst:

(5) jav. *āsištō* 'der schnellste' mit *s* < uriir. **ć* [tç] < uridg. **ḱ* [c] (= ved. *ā́śiṣṭhas* = gr. *ō̃kistos*)

(6) gr. *pósis* m. 'Herr, Gatte' mit dialektalem *si* < urgr. **ti* (= ved. *pátiṣ* = jav. *paⁱtiš* = lat. *potis* in *potis sum* = lit. *pàts* ~ toch. A *pats*).

Allerdings kann ein Lautgesetz mit zeitlich begrenzter Wirkung zu einer späteren Zeit nochmals eintreten. In einigen dorischen Dialekten wird gr. *s* beliebiger Herkunft im 6. Jh. zwischen Vokalen wiederum zu *h*, so dass das Wort für 'Gatte' dort **póhis* lauten müsste (belegt ist *Pohoidān* als Entsprechung zu ion.-att. *Poseidō̃n*).

Lautgesetzen, die Vokale betreffen, hat Patricia J. Donegan eine typologische Untersuchung gewidmet; Martin J. Kümmel verdankt man die Sammlung und vergleichende phonologische Auswertung aller bisher beschriebenen Konsonantenwandel in indogermanischen, semitischen und uralischen Sprachen (für beide Titel s. u.). Mit Hilfe solcher Sammlungen und einer darauf beruhenden Typologie des Lautwandels lassen sich Lautgesetze aufstellen, bewerten und auf artikulatorische Veränderungen zurückführen, die in den Sprachen der Welt mehr oder weniger regelmäßig stattfinden.

Lit.: Beekes, Introd. 54-79.
Szemerényi, Einf. 17-31.
Meiser, HLFL 18-21.
Fortson, IE Language and Culture 5, 62 f.
P. J. Donegan, On the Natural Phonology of Vowels. Diss. Ohio State University, 1978.
M. J. Kümmel, Konsonantenwandel. Bausteine zu einer Typologie des Lautwandels und ihre Konsequenzen für die vergleichende Rekonstruktion. Wiesbaden 2007 (S. 102 ff.: *s* > *h*).
A. Morpurgo Davies, Nineteenth-century linguistics (= G. Lepschy, ed. History of Linguistics IV). London/New York 1992. S. 226-278, bes. 251-259.

Zur Selbstkontrolle:
1. Was sind Lautgesetze, und wie verhalten sie sich in Raum und Zeit?
2. Worin liegt die Bedeutung der Lautgesetze für die historisch-vergleichende Sprachwissenschaft?

3. Lektion
Das urindogermanische Lautsystem

3.1. Durch fortwährende Auswertung idg. Gleichungen wird das Lautsystem des Urindogermanischen erschlossen. Dabei kommt neben dem Prinzip der Lautgesetzlichkeit (s.o.) traditionell auch das **Prinzip der artikulatorischen Nähe** zur Anwendung, d.h. es werden Laute angesetzt, die ihren einzelsprachlichen Fortsetzern so ähnlich wie möglich sind.

Beispiel: dentale Verschlusslaute

a) ved. *t* = altiran. *t*/*θ* = gr. *t* = bsl. *t* = ital. *t* = germ. *þ*/*ð*/*d* = arm. *t'* [t^h]
< uridg. **t*

b) ved. *d* = altiran. *d*/*δ* = gr. *d* = bsl. *d* = ital. *d* = germ. *t* = arm. *t*
< uridg. **d*

c) ved. *dh* = altiran. *d*/*δ* = gr. *th* [t^h] = bsl. *d* = ital. *f*/*d* = germ. *d* = arm. *d*
< uridg. *d^h

Durch Lautwandel verändert sind nach diesem Ansatz

1. sämtliche Dentale im Germanischen und im Armenischen („Lautverschiebung", betrifft alle Verschlusslautreihen in gleichartiger Weise)

2. die Media aspirata *d^h außerhalb des Indoarischen (gilt entsprechend auch für *b^h, *g^h usw.: die Verschlusslautreihe mit der aufwendigsten Artikulation – stimmhaft und aspiriert – zeigt die stärkste Veränderung).

3.2. **Lautinventar** ohne kombinatorische Varianten

Vokale:	Kurzvokale		*e*	*o*	*a*
	Langvokale		*ē*	*ō*	*ā*

Resonanten:	Engvokale	unsilbisch	*i̯*	*u̯*
		silbisch	*i*	*u*
	Nasale	unsilbisch	*n*	*m*
		silbisch	*n̥*	*m̥*
	Liquiden	unsilbisch	*r*	*l*
		silbisch	*r̥*	*l̥*

Verschlusslaute (Plosive):	Tenues (stimmlos)	Mediae (stimmhaft)	Mediae aspiratae (stimmhaft aspiriert)
Labiale	*p*	*b*	b^h
Dentale	*t*	*d*	d^h
Palatale	*ḱ*	*ǵ*	$\acute{g}^h$
(reine) Velare	*k*	*g*	g^h
Labiovelare	k^w	g^w	g^{wh}

Sibilant	*s*			
Laryngale	h_1	h_2	h_3	(s.u. 4.1-4)

In einsilbigen Wortformen waren die silbischen Engvokale *i*, *u* teilweise zu *ī*, *ū* gelängt.

Die Laryngale hatten (wohl unter dem Akzent und im Auslaut nach Konsonant) die silbischen Varianten $*ə_1$ $*ə_2$ $*ə_3$, für die auch die Notation $*\underset{\circ}{h}_1$ $*\underset{\circ}{h}_2$ $*\underset{\circ}{h}_3$ oder $*h_1^{\circ}$ $*h_2^{\circ}$ $*h_3^{\circ}$ vorgeschlagen wurde; vgl. Beispiel (31).

Infolge regressiver Assimilation an folgenden stimmhaften Plosiv wechselten uridg. **p *t *ḱ* usw. und **s* mit **b *d *ǵ* usw. und **z*, das überhaupt nur als kombinatorische Variante auftrat. Umgekehrt wurden **b *d *ǵ* usw. vor stimmlosem Plosiv oder **s* durch die kombinatorischen Varianten **p *t *ḱ* usw. ersetzt.

Beim Zusammentreffen einer Media aspirata mit Tenuis oder **s* entstand durch progressive Assimilation eine stimmhaft aspirierte Konsonantengruppe, z.B. $*b^h+t > *bd^h$, $*d^h+s > *dz^h$ (Bartholomaes Gesetz). Das Zusammentreffen zweier Dentale wurde durch eingeschobenes *s* bzw. *z* verhindert:

(7) 3. Sg. uridg. **h₁étsti* (Präsensstamm **h₁éd-* + Endung *-ti*) 'er isst'
> heth. *ēzzi* [ˈeːts.tsi] (geschrieben ⟨*e-(iz-)za-(az-)zi*⟩, vgl. die 3. Sg. Ipt. *e-iz-du* [ˈeːts.tu] ~ ved. *áttu*)
~ lat. *ēst* < **ēsti*, verdeutlicht für †*ēssi* < **ētsti*
= altlit. *ė́st* ~ abg. *jastъ*, russ. *est*, alle < **ēsti*
~ ved. *átti* < **átsti* (Wurzelablaut geneuert, nicht †*ā́tti*)

Das Uridg. besaß demnach keine Geminata ***tt* (> **tst*), ***dd* (> **dzd*) oder $**dd^h$ (> $*dzd^h$). Sonstige Geminaten (= lange Konsonanten) waren vereinfacht (gekürzt), auch wenn sie eine Morphemgrenze einschlossen; s. 2.3-4 zu **h₁ési* 'du bist'.

Lit.: Meier-Brügger, Idg. Sprachw. 137 f., 105.

3.3. Unter dem Einfluss der strukturalistischen Sprachwissenschaft – und auch in der Erkenntnis, dass eine genaue phonetische Beschreibung bei rekonstruierten Lauten schwierig oder unmöglich ist – wird in neuerer Fachliteratur zumeist vom uridg. **Phonemsystem** (= System der kleinsten bedeutungsunterscheidenden Einheiten) gesprochen. Hierbei ist allerdings zu beachten:

a) Zu den uridg. Phonemen gehört, da in bestimmten Fällen bedeutungsunterscheidend, auch der Wortakzent (s.u. 5.4.1).

b) **i* und **i̯*, **u* und **u̯*, **n* und **n̥* usw. sind insofern als Allophone voneinander anzusehen, als die Merkmalopposition silbisch : unsilbisch wohl in keinem Minimalpaar bedeutungsunterscheidend war. Von konditionierten Allophonen der Phoneme **i* **u* **n* kann man allerdings nicht sprechen, weil die Verteilung im Uridg. nicht mehr ausschließlich von der Lautumgebung abhängt (silbisch zwischen Konsonanten, unsilbisch neben einem Vokal).

Grundsätzlich gilt für Resonanten die Syllabifizierungsregel Konsonant – Sonant – Konsonant – Sonant (= unsilbisch – silbisch – unsilbisch – silbisch), die vom Wortende her wirkt:

linksgerichtet: $\overleftarrow{\breve{S}\,C\,S\,C\,S\,C}$.

Es gibt aber Ausnahmen mit analogischer Syllabifizierung, z.B.

(8) uridg. 3. Pl. **i̯ung-énti* ‘sie schirren an’ (nicht †*iu̯n̥g-énti*)
> ved. *yuñjánti*, lat. *iungunt*
nach 3. Sg. **i̯unék-ti* ‘er schirrt an’ (mit **kt* < ***gt*)
> ved. *yunákti*
und Formen ohne Nasalinfix wie **i̯uk-tó-s* ‘angeschirrt’
> ved. *yuktás*; vgl. Beispiel (37).

c) Für die Notation einer rekonstruierten Sprache ist nicht in erster Linie entscheidend, ob es sich in dieser Sprache um Phoneme handelt, sondern vielmehr, ob sich die betreffenden Laute in der Entwicklung zu den Einzelsprachen unterschiedlich verhalten. Aus einer hypothetischen 3. Pl. †*iu̯n̥génti* wäre im Vedischen beispielsweise †*ivajánti* geworden!

d) Eine historisch nachvollziehbare Darstellung der Sprachentwicklung muss, soweit möglich, die phonetischen (genauer: artikulatorischen) Veränderungen der Laute beschreiben. Am Phonemsystem zeigen sich erst die Ergebnisse des historischen Lautwandels, soweit sich dieser überhaupt phonematisch auswirkt.

Lit.: M. Mayrhofer, Indogermanische Grammatik I. Heidelberg 1986. S. 87-90 und passim.
H. Rix, Historische Grammatik des Griechischen. Darmstadt 1976, 2. Auflage 1992. S. 29-32 und passim.
Beekes, Introd. 124 f. und passim, besonders 188 o. zu den Akk.-Pl.-Ausgängen *-*r̥-ns* bzw. *-*tér-n̥s*.
Schmitt-Brandt, Einf. 12 f.
Meiser, HLFL 13 ff., 27-30.
Meier-Brügger, Idg. Sprachw. 71 ff., 84 f., 98 und passim.
Fortson, IE Language and Culture 48-64, bes. 56, 64 f.

3.4. Nach bisheriger Erkenntnis der Sprachtypologie ist ein System von drei Verschlusslautreihen, bestehend aus stimmlosen (**t* usw.), stimmhaften (**d* usw.) und stimmhaft aspirierten Lauten ($*d^h$ usw.), in den Sprachen der Welt extrem selten. Dies führte bei einigen Sprachwissenschaftlern zu einer ‘Korrektur’ des uridg. Lautinventars, wobei eine Reihe in glottalisierten Verschlusslauten bestehen soll. Bei diesem – mittlerweile in mehreren Varianten vorliegenden – Vorschlag tritt das Prinzip der artikulatorischen Nähe (s. o. 3.1) jedoch in den Hintergrund. Der Wert des typologisch wahrscheinlicheren Rekonstrukts wird in Frage gestellt durch die geringere typologische Wahrscheinlichkeit der Lautveränderungen, die zu den einzelsprachlichen Resultaten geführt haben müssten.

Lit.: P. Hopper, Glottalized and murmured occlusives in Indo-European. Glossa 7, 1973, 141-166.
Th. V. Gamkrelidze, V. V. Ivanov, Indo-European and the Indo-Europeans I. Berlin/New York 1995. S. 5-100.
M. Job, Sound change typology and the „Ejective Model“. In: The New Sound of Indo-European. Ed. Th. Vennemann. Berlin-New York 1989, S. 123-136.
Szemerényi, Einf. 159-162.
Mayrhofer, Idg. Gramm. I 92-98.
Beekes, Introd. 132 f.
Schmitt-Brandt, Einf. 151-166.
Meiser, HLFL 27 f.
Meier-Brügger, Idg. Sprachw. 125 f.
Fortson, IE Language and Culture 54.

Zur Selbstkontrolle:
1. Welche Laute (ohne kombinatorische Varianten) können und müssen nach heutiger Kenntnis für das Uridg. angesetzt werden?
2. Was wäre zu beachten, wenn an Stelle dieses Lautinventars das uridg. Phoneminventar dargestellt werden sollte?

4. Lektion
Theoretische Grundlagen II: Laryngaltheorie, Morphemstruktur und Ablaut

4.1. Die Laryngaltheorie beruht auf dem Ansatz dreier uridg. Konsonanten, von denen man zunächst annehmen musste, dass sie in keiner idg. Einzelsprache als solche erhalten wären. Sie wurde 1878 von Ferdinand de Saussure begründet und hatte 1912 durch Albert Cuny bereits nahezu den heutigen Stand erreicht. Die Einbeziehung des Hethitischen, das 1914 als indogermanische Sprache identifiziert wurde, brachte im Nachhinein eine materielle Bestätigung, weil dort einer der rekonstruierten Konsonanten (*h_2) in vielen Fällen noch als *h* vorliegt (geschrieben mit den Keilschriftzeichen für akkadisch *ḫ* = [χ]).

Die Bezeichnung grade dieses Teils des indogermanistischen Methodeninventars als 'Theorie' ist seitdem strenggenommen nicht mehr gerechtfertigt.

Lit. zur Forschungsgeschichte:
- Szemerényi, Einf. 127-131. (Abwegiges 132 f.)
- O. Szemerényi, Bulletin de la Société de Linguistique de Paris 68, 1973, 1-25 = Scripta Minora I. Innsbruck 1987. S. 191-215.
- Meier-Brügger, Idg. Sprachw. 106-112.
- Fortson, IE Language and Culture 75 f.

4.2. Aus forschungsgeschichtlichen Gründen werden die betreffenden Konsonanten als Laryngale bezeichnet; die heute verbreitetste Schreibweise ist *h_1 *h_2 *h_3. Über die phonetische Bestimmung dieser Laute herrscht z. Zt. keine Einigkeit, da mehrere anscheinend gleichwertige Möglichkeiten bestehen:

- *h_1 = [ç] (palataler *ich*-Laut), [h] oder [ʔ] (Knacklaut, 'Alif)
- *h_2 = [χ] (uvularer *ach*-Laut) oder [ħ] (stimmloser pharyngaler Spirant)
- *h_3 = [ʁ]/[ʁʷ] (stimmhafter *ach*-Laut mit oder ohne Lippenrundung) oder [ʕ] ('Ayn).

Wenn zwischen den Laryngalen *h_1 *h_2 *h_3 nicht unterschieden werden soll oder kann, verwendet man das Symbol **H*.

Lit.: Mayrhofer, Idg. Gr. I 121 f.
Meier-Brügger, Idg. Sprachw. 106 f.
Fortson, IE Language and Culture 56 ff.
Round Table Discussion: Zur Phonetik der Laryngale. In: In honorem Holger Pedersen, Kolloquium ... Kopenhagen, hg. von J.E. Rasmussen. Wiesbaden 1994. S. 417-466.

4.3.0. Die drei uridg. Laryngale unterliegen hauptsächlich folgenden **Lautgesetzen**:

4.3.1. Uridg. **Laryngalumfärbung**
Vor oder nach *h_1 bleibt ein kurzes **e* unverändert, neben *h_2 wird es zu **a*, neben *h_3 zu **o* umgefärbt. Langes **ē* ist von der Umfärbung nicht betroffen.

Hierauf bezieht sich die scherzhafte Bezeichnung der drei Laryngale als „Kehlkopflaut, Kahlkopflaut, Kohlkopflaut" (H. Krahe, zitiert bei H. Eichner in A. Bammesberger, Die Laryngaltheorie, Heidelberg 1988, 131 m. Anm. 28).

Beispiel für *h_2:
(9) 3. Sg. Akt./Med. voruridg. ***stí-sth$_2$-e-ti/toi̯* 'stellt sich hin' > uridg. **stí-sth$_2$-a-ti/toi̯*
> ved. *tíṣṭhati/te* = jav. *hištaⁱti/te* (ved. *th* = av. *θ*, aber kein *θ* nach *š*)
= gr. *hístatai* (athematisch flektiert in Analogie nach *dídotai*, *títhetai*, vgl. 15.1)
~ lat. (*sē*) *sistit*

Der strukturellen Deutlichkeit zuliebe wird die Laryngalumfärbung in grundsprachlichen Ansätzen oft vernachlässigt. So zitiert man die Verbalwurzel **ǵnoh$_3$* 'erkennen', wenn sie morphologisch gesehen in der *e*-(nicht *o*-) Stufe steht, gern als **ǵneh$_3$*, vgl. dazu Beispiel (17) und 4.8. Vorausgesetzt ist dabei, dass der Leser die Umfärbung im Sinne einer synchronen phonologischen Regel (Ausspracheregel) selbst durchführt.

Alle übrigen Lautgesetze fallen in die Zeit nach der ersten idg. Sprachtrennung und betreffen die einzelsprachliche, allerdings weitgehend parallel verlaufende Entwicklung.

4.3.2. Einzelsprachl. **Aspiration** durch _*h$_2$_
im Indoiranischen und (ausnahmsweise) im Griechischen

(10) 2. Sg. Perf. uridg. _*u̯ói̯tsth$_2$a_ ‘du weißt’ (Stamm _*u̯ói̯d-_ + Endung _*-th$_2$a_, s.o. 3.2)
> ved. _véttha_ = aav. _vōistā_ (kein _θ_ nach _s_)
= gr. _oĩstha_, vgl. aber Beispiel (9) mit _-sta-_
= got. _wais-t_

4.3.3. Einzelsprachl. **Schwund mit Ersatzdehnung** eines vorhergehenden Vokals tritt ein (außer bei _h$_2$_ > _h_ im Anatolischen), wenn der Laryngal zur selben Silbe gehört.

(11) 1. Sg. uridg. _*páh$_2$.mi_ ‘ich hüte’ (der Punkt bezeichnet die Silbengrenze)
> ved. _pā́mi_
~ heth. _pahsmi_ ⟨_pa-aḫ-ḫa-aš-mi_⟩ (mit Suffix _*-s-_)
~ abg. _pasǫ_ ‘weide Vieh, hüte’ (mit Suffix _*-s-_ oder _*-sḱe-_; slav. _a_ geht auf _*ā_ oder _*ō_ zurück)
~ lat. _pāscō_ ‘weide Vieh’ (mit Suffix _*-sḱe-_)

Die Lautgruppen _*r̥H_ usw., die phonotaktisch (= in Bezug auf die Struktur der Lautfolge) mit _*VH_ vergleichbar sind, entwickeln sich vor Konsonant teilweise ebenfalls zu Langvokal oder zu Resonant plus Langvokal:
_*n̥H_, _*m̥H_ > iir. _ā_; im Griechischen _*r̥h$_1$_ > _rē_, _*r̥h$_2$_ > _rā_, _*r̥h$_3$_ > _rō_ usw.; im Lateinischen _*r̥H_ > _rā_ usw.; vgl. Beispiel (55).

4.3.4. Einzelsprachl. **Schwund** ohne Ersatzdehnung eines vorhergehenden Vokals tritt ein (außer im Anatolischen bei _h$_2$_), wenn der Laryngal im Silbenanlaut steht, d.h. unmittelbar vor dem nächsten Vokal oder vor einem silbischen Resonanten.
Auch im **Wortanlaut** vor Vokal oder silbischem Resonanten schwinden Laryngale im allgemeinen spurlos. Das Griechische verhält sich hier jedoch nach dem Rixschen Gesetz: Wortanlautender Laryngal schwindet vor _a_, _e_, _o_ und _i_, wird aber vokalisiert vor silbischen Resonanten und _u_, die ihrerseits unsilbisch werden, mit Ergebnissen wie _er-_, _al-_, _om-_, _on-_ und _au-_ bzw. _a(w)-_.

Beispiel für *-.h_1n̥-*, *-.h_1e-* und wortanlautendes *h_2u-*:

(12) Nom. Sg. m. uridg. *h_2u̯é.**h_1n̥**.to-s* 'Wind'
(Ableitung zu *h_2u.$h_1$ént-*, s. u., mit der Ausgangsbedeutung 'was von dem Wehenden kommt')
\> ved. *vā́tas* (z.T. dreisilbig *vá.**a**.tas* zu lesen; das zweite *a* < *n̥*)
= lat. *ve**n**tus*, got. *wi**n**ds* (*n̥ nach Schwund des Laryngals > *n*)

Partizip Präsens im Nom. Pl. m. uridg. ***h_2u**.**h_1é**n.t-es* 'die wehenden'
\> heth. ***hu**wantes* ⟨*ḫu-u̯a-an-te-eš*⟩ 'Winde' (*w* ist kein Laryngalreflex, sondern bezeichnet nur den Gleitlaut nach *u*)
= gr. ***awé**ntes* > ***aé**ntes* 'wehende' (wenn alt, mit *a*(*w*)- < *h_2u-*; daneben die 3. Sg. *áēsi* 'weht' < uridg. *h_2u̯éh_1.ti*, = ved. *vā́ti*, vgl. 4.3.5)

In den Lautfolgen *u.HV*, *n̥.HV*, *r̥.HV* usw. ist der silbische Resonant normalerweise durch Vokal plus Konsonant fortgesetzt: *u.u̯V*, *V.nV*, *V.rV* usw. Bei Liquiden ergibt sich im Vedischen ein charakteristischer Wechsel *i/u*: *r̥.HV* und *l̥.HV* > *i.rV/u.rV/i.lV/u.lV* (av. einheitlich *a.rV*).

4.3.5. Einzelsprachl. **Schwund** bzw. **Vokalisierung im Anlaut** vor Konsonant

(13) Nom. Sg. m. uridg. *$h_2$stḗ(r)* 'Stern'
\> gr. *astḗr* ~ heth. *hsterts* ⟨*ḫa-aš-te-ir-za*⟩ (< *$h_2$stḗr-s*, mit restituierter Nominativendung *-s*)
~ arm. *astł* (*ł* für *r* unerklärt)
~ ved. (*s*)*tár-*, av. *star-* (Nom. Sg. unbezeugt)
~ lat. *stēlla* (suffixal erweitert)
~ got. *staírno* (erweitert; *aí* = [ɛ], kurzes offenes *e*)

- im Anatolischen *h_2- > *h-*, *h_1- > Ø, *h_3- > *h-* oder Ø (fraglich)
- im Griechischen *h_1- > *e-*, *h_2- > *a-*, *h_3- > *o-*, ausgenommen die Gruppe **Hi̯-*, in der der Laryngal konsonantisch blieb und schwand
- im Armenischen **H-* > *a-*
- in den anderen Sprachen **H-* > Ø, vgl. auch Beispiel (12).

4.3.6. Einzelsprachl. **Schwund** bzw. **Vokalisierung im Inlaut** zwischen Konsonanten

(14) uridg. Nom. Sg. m. *ph$_2$tḗ(r) > ved. *pitā́*, aav. *ptā*, gr. *patḗr*, lat. *pater* usw., zum einzelnen s. o. Beispiel (1)

- im Indoiranischen *H > *i* oder Ø
- im Griechischen *h$_1$ > *e*, *h$_2$ > *a*, *h$_3$ > *o*
- im Armenischen *H > *a* oder Ø, ebenso in den meisten anderen Sprachen
- im Tocharischen *H > *ā* [a].

Lit.: Beekes, Introd. 125 f., 142-148.
Rix, Hist. Gr. Gr. 36-39, 68-76.
Mayrhofer, Idg. Gr. I, 121-146.
Meier-Brügger, Idg. Sprachw. 112-125.
Fortson, IE Language and Culture 57 f.

4.4. Für die wissenschaftliche Rezeption der Laryngaltheorie sind zwei **Bekehrungswörter** wichtig geworden, die bis dahin kaum erklärbar waren.

(15) Nom. Sg. f. uridg. *réh$_1$-i-s 'Besitz, Reichtum'
> (4.3.4) ved. *rayíṣ* (*y* ist kein Laryngalreflex, sondern bezeichnet den Gleitlaut nach *i*; Akzent analogisch)
Dat. Sg. uridg. *reh$_1$-i̯-éi̯
> (4.3.3) ved. *rāyé*, lat. *rei* (über *rē.i̯ei̯ > *rē.ei̯ > *rēi̯*); vgl. auch Beispiel (30), (34)

(16) Nom. Sg. m. uridg. *pént-oh$_2$-s 'Weg' > (4.3.3) uriir. *pánt-ās
> av. *paṇtå*, ved. *pánthās* (*th* analogisch nach Gen. Sg. *pathás* usw., s. u.)
Akk. Sg. uridg. *pént-oh$_2$-m̥ > (4.3.4) uriir. *pánt-a'am
> av. *paṇtąm*, ved. *pánthām* (z.T. noch dreisilbig *pán.tha.am* zu lesen; *th* analogisch)
Gen. Sg. uridg. *pn̥t-h$_2$-ás > (4.3.2) uriir. *pat^h-ás
> av. *paθō*, ved. *pathás*.

Aufs Ganze gesehen, zeigt sich der Wert der Laryngaltheorie aber erst bei der systematischen Rekonstruktion der uridg. Morphemstrukturen und des uridg. Ablauts. Für das Rezeptionsverhalten einzelner Forscher war deshalb ausschlaggebend, ob sie auf eine Rekonstruktion des uridg. Sprachsystems abzielten.

4.5. Mit Hilfe der Laryngaltheorie lassen sich fast alle uridg. Verbalwurzeln als Realisationen einer einheitlichen **Wurzelstruktur** auffassen. Diese hat die Form

(C_5) (C_3) C_1 *e* C_2 (C_4) (C_6).

Maximalrealisationen sind z. B. belegt durch uridg. **strei̯g* 'streichen' (Anlaut) oder **stembʰH* 'sich stützen' (Auslaut).

Die Wurzelkonsonanten (= Radikale) C_1 bis C_6 unterliegen dabei phonetisch bedingten **Restriktionen**:

a) Resonanten (**i̯* **u̯* **r* **l* **m* **n*) können normalerweise nur in unmittelbarer Nachbarschaft des Wurzelvokals auftreten, d.h. als C_1 oder C_2. Ausgenommen sind **u̯* und **m* in den wurzelanlautenden Konsonantengruppen **u̯r-*, **u̯l-*, **u̯i̯-*, **mr-*, **ml-*, **mi̯-*.

b) Als zuäußerst stehende Konsonanten C_5 und C_6 sind, von Ausnahmen abgesehen, nur **s* oder Laryngal zulässig.

Eine uridg. Verbalwurzel ist daher stets **einsilbig**, vgl. weiterhin

(17) **h₁es* 'sein', s. o. Beispiel (4)
***h₂eǵ* > (4.3.1) **h₂aǵ* 'führen'
***steh₂* > (4.3.1) **stah₂* 'sich stellen'
**preḱ* 'fragen', s. o. Beispiel (2)
**derḱ* 'erblicken'
**ǵenh₁* 'erzeugen'
***ǵneh₃* > (4.3.1) **ǵnoh₃* 'erkennen'
**h₃reǵ* 'ausstrecken'.

Vokalisch anlautende Wurzeln wie **es*, **ag*, langvokalische Wurzeln wie **stā*, **gnō* und zweisilbige Wurzeln wie **gene* (gr.) bzw. **gena* (ital.) und **oreg* (gr.) sind erst als Ergebnisse lautgesetzlicher Entwicklungen in der Vorgeschichte der Einzelsprachen zustandegekommen (s. o. 4.3.4-6).

Neben Verbalwurzeln mit dem idg. Grundvokal *e* (s. o.) sind auch einige Verbalwurzeln mit grundstufigem *a* belegt, z. B. **i̯aǵ* 'verehren'. Trotz aller Bemühungen ist es nicht gelungen, diese Fälle plausibel wegzuerklären. – Ob es auch Verbalwurzeln mit grundstufigem *o* gab, scheint hingegen fraglich.

4.6. Nominalbasen haben – soweit sie nicht ohnehin mit Verbalwurzeln identisch sind – grundsätzlich die gleiche Struktur.

4.7. Pronominalstämme, nominale und verbale **Suffixe** sowie Nominal-, Pronominal- und Verbal**endungen** haben teils ebenfalls die Struktur $*(C_3)C_1eC_2(C_4)$, teils die einfacheren Strukturen $*eC_2(C_4)$, $*(C_3)C_1e$, in besonderen Fällen auch **e*.
Bestimmte Endungen bestehen allein aus einem Konsonanten, neben dem niemals ein *e* erscheint, z. B. die Kasusendungen **-s* für den Nom. Sg. und **-m* für den Akk. Sg. (s. u. 7.2, 9.2, 11.3.1).
Zu Pronominalstämmen, Suffixen und Endungen mit dem Vokalismus **o/e* s. u. 7.1 und 11.3.1.

4.8. Der uridg. **Ablaut** (= morphologisch geregelter Vokalwechsel) wird heute, da die Laryngaltheorie fast alle Besonderheiten erklärt, einheitlich mit Bezug auf den Grundvokal **e* beschrieben.

Verschiedene Ablautreihen für kurzvokalische, langvokalische und ggf. zweisilbige Wurzeln müssen nur noch zur Beschreibung und Erklärung der einzelsprachlichen Verhältnisse angesetzt werden. Das Ablautverhalten von Wurzeln mit grundstufigem **a* ist nicht geklärt (analogisch?). Außerhalb von Verbalwurzeln könnte z.T. ein zweiter Grundvokal **o* vorliegen, s. u. 7.1.2.

Man unterscheidet folgende Ablautstufen:

e-Vollstufe (kurz ***e*-Stufe**; auch als Hochstufe bezeichnet)
o-Vollstufe (kurz ***o*-Stufe**)
Nullstufe oder Schwundstufe (auch: Tiefstufe)

ē-Dehnstufe (kurz **Dehnstufe**)
ō-Dehnstufe (selten).

Der Terminus Schwundstufe wird oft vermieden, weil er über die reine Beschreibung hinaus eine (meist nicht intendierte) Aussage über das sprachhistorische Zustandekommen der Erscheinung macht. Für den Terminus Dehnstufe – statt Langstufe – würde strenggenommen das gleiche gelten. Die mit den beiden traditionellen Termini implizierten Aussagen sind allerdings korrekt, denn

- die *e*-Stufe steht in der Regel unter dem Wortakzent (also *$h_1$és-*, **prék̂-*, **ĝénh$_1$-* usw.)

- die Nullstufe stellt normalerweise das unbetonte Gegenstück zu einer betonten *e*-Stufe dar (**h$_1$s-*, **pr̥k̂-*, **ĝn̥h$_1$-* usw.), offenbar deshalb, weil unbetontes **e* in einer Periode des Voruridg. geschwunden ist

- die Dehnstufe ist wohl in allen Fällen durch Längung eines kurzen *e* bzw. *o* zustandegekommen, z.B. durch eine vorurdg. Ersatzdehnung:

(18) Nom. Sg. m. vorurdg. ***ph$_2$tér-s* (vgl. Akk. Sg. **ph$_2$tér-m̥*)
> vorurdg. ***ph$_2$térr* (Assimilation von *-s*)
> uridg. **ph$_2$tḗr* (Vereinfachung der Geminata *rr* und Ersatzdehnung des Vokals) mit einer Variante **ph$_2$tḗ*
vgl. Beispiel (1), (46).

Im Unterschied zu den drei anderen Ablautstufen kommt die *o*-Stufe regulär sowohl betont (im Wechsel mit *e*-Stufe oder an deren Stelle) als auch unbetont (im Wechsel mit Nullstufe oder an deren Stelle) vor; anscheinend haben hier verschiedene Prozesse zum gleichen Ergebnis geführt.

Der Wechsel *e* ~ *o* wird traditionell als qualitativer Ablaut (im Gegensatz zum quantitativen Ablaut *e* ~ Ø ~ *ē*) oder auch als 'Abtönung' bezeichnet; hinter keinem dieser Termini steht eine einheitliche Erklärung des Phänomens. (Vgl. auch unten 7.1.2 zum Ablaut des Themavokals.)

Ein Beispiel für _e_-, _o_- und Nullstufe:

(19) uridg. *_u̯ert_ ‘eine Drehung o. Wendung machen’
a) 3. Sg. Ind. Präs. Med. *_u̯ért-e-toi̯_
> ved. _vártate_ ‘dreht sich, rollt’
~ lat. _vertitur_ (Endung geneuert) ‘dreht sich’
~ got. _waírþiþ_ (Aktiv) = ahd. _wirdit_ ‘wird’

b) 3.Sg. Inj. Perf. *_u̯e-u̯órt-e_ (Inj. = Injunktiv, s. u. 12.3)
> ved. _vavárta_ ‘hat sich gedreht, befindet sich in Drehung, rollt’
= got. _warþ_ = ahd. _ward_ ‘wurde’

c) 1. Pl. Inj. Perf. *_u̯e-u̯r̥t-mé_
> ved. _vavr̥tmá_* (unbelegt, vgl. 3. Pl. _vāvr̥tur_)
= got. _waúrþum_ (_aú_ = [ɔ], kurzes offenes _o_; _þ_ statt _ð_, geschrieben ⟨_d_⟩, analogisch aus dem Sg. bezogen) = ahd. _wurtum_ ‘wurden’

Das Germanische belegt hier neben dem Wurzelablaut (*_u̯ért_ ~ *_u̯órt_ ~ *_u̯r̥t_) auch die uridg. Akzentstelle (durch den sog. grammatischen Wechsel urgerm. *_þ_ ~ _ð_ > ahd. _d_ ~ _t_ als Folge von Verners Gesetz).

4.9. Während die uridg. _o_-Stufe somit weder einheitlich beschrieben noch einheitlich erklärt werden kann, beruht der sog. Schwundablaut _e_-Stufe/Nullstufe auf einem **voruridg. Lautgesetz**

(20) **_è_ (= unbetontes _e_) > Ø.

Im rekonstruierbaren Uridg. war dieses Lautgesetz jedoch nicht mehr wirksam, da die vergleichende Rekonstruktion in Einzelfällen sowohl auf unbetonte _e_-Stufen als auch auf (sekundär) betonte Nullstufen führt. Das bedeutet:
Der Ablaut war bereits im Urindogermanischen (wie später in den Einzelsprachen) nur noch im Rahmen **morphologischer Regeln** wirksam. Für Fälle wie Beispiel (19) gelten beispielsweise folgende Regeln:

a) Im thematischen Präsens (*$\underset{\wedge}{u}$*érť-e-to$\underset{\wedge}{i}$*) ist die Wurzel betont und steht in der *e*-Stufe.
b) Im Singular des Injunktivs Perfekt (*$\underset{\wedge}{u}$e-$\underset{\wedge}{u}$órt-e*) ist die Wurzel betont und steht in der *o*-Stufe.
c) Im Plural des Injunktivs Perfekt (*$\underset{\wedge}{u}$e-$\underset{\wedge}{u}\underset{\circ}{r}$t-mé*) ist die Endung betont, die Wurzel steht in der Nullstufe.

Lit.: Szemerényi, Einf. 101 ff., 86-97, 116-127.
Rix, Hist. Gr. Gr. 33-36.
Meier-Brügger, Idg. Sprachw. 145-153.
Fortson, IE Language and Culture 73 ff.

Zur Selbstkontrolle:
1. Inwiefern vereinfacht die Laryngaltheorie die Theorie des idg. Ablauts?
2. Wie ist das Nebeneinander der idg. Ablautstufen (ohne *o*-Stufe) sprachhistorisch zu erklären? Für welche Sprachepoche gilt diese Erklärung?

5. Lektion
Wortarten, Satzstruktur, Satzintonation, Wortakzent

5.1.0. Das **Wortarten-Inventar** der uridg. Grundsprache entspricht weitgehend dem der älteren idg. Einzelsprachen, aus denen es erschlossen ist. Im Vergleich zum modernen europäischen Standard (die slavischen und baltischen Sprachen nehmen eine Sonderstellung ein) sind jedoch eine Reihe von Abweichungen festzustellen.

5.1.1. Das Uridg. besaß keinen **Artikel**.

5.1.2. Das Uridg. besaß keine **Präpositionen**, also auch keine Präpositionalausdrücke. Zur Bezeichnung lokaler Verhältnisse genügten normalerweise die bloßen Lokalkasus; zur Spezifizierung wurden **Adverbien** verwendet, die unter Umständen auch enklitisch als **Postpositionen** auftreten konnten (z.B. **en* 'in'), sowie enklitische **Lokalpartikeln** (z.B. **de* 'zu'; enklitisch = unbetont und eine Akzenteinheit mit dem vorhergehenden Wort eingehend, s.u. 5.3.1).

5.1.3. Neben der **Negation** **né*, die in allen Satztypen mit Ausnahme der Prohibitivsätze (= Verbotssätze; s. 13.3.1) verwendet wurde, gab es eine eigene **Prohibitivnegation** **méh₁* (> ved. *mā́*, gr. *mḗ*, arm. *mi*).

Im Italischen wurde **mē* in Analogie nach *ne* bzw. auch daraus erweiterten *nei* zu *nē* umgebildet. Die hethitische (nicht gemeinanatolische) Entsprechung lautet *lē* < **léh₁* 'lass!'; das verstanden auch Nichthethiter (akkad. *lā*).

5.1.4. Der syntaktische Aufbau eines Textes wurde durch **Satzpartikeln** deutlich gemacht, die den Beginn eines neuen Satzes markieren und zugleich dessen textuelle oder pragmatische Funktion angeben, z. B. **nú* 'nun', **ǵʰí* 'denn'. Zur Wortstellung s. 5.2.3.

5.1.5. Als **koordinierende Konjunktionen** dienten vor allem die enklitischen Partikeln **kʷe* 'auch, und' (> ved. *ca*, gr. *te*, lat. *-que*, got. *-uh/-h*) und **u̯e*, mit Einsilblerdehnung **u̯ē* 'oder' (lat. *-ve*, ved. *vā*).

5.1.6. Syntaktische Subordination wurde im Uridg. wohl in erster Linie durch Satzstruktur und Intonation gekennzeichnet (s. u. 5.3.2). **Subordinierende Konjunktionen** der idg. Einzelsprachen sind in der Regel einzelsprachlich geneuert. Das Uridg. besaß jedoch ein **Relativpronomen** **i̯ó-* (ved. *yá-*, gr. *hó-*, phryg. *io-*, gall. und keltiber. *io-*, abg. *je-*), das sich nicht nur auf die 3., sondern auch auf die 1. oder 2. Person beziehen konnte (Nom. Sg. m. **i̯ó-s* 'der ich, der du, der').

Lit.: Meier-Brügger, Idg. Sprachw. 247-250 (M. Fritz).
H. Hettrich, Lateinische Konditionalsätze aus sprachvergleichender Sicht. In: Latein und Indogermanisch, ed. O. Panagl und Th. Krisch. Innsbruck 1992. S. 279-282 (subordinierendes *$k^{w}e$ 'wenn').
H. Hettrich, Zur Entwicklung der Finalsätze altidg. Sprachen. Zeitschrift für Vergleichende Sprachforschung 100, 1987. S. 219-237 (Konjunktionen auf der Grundlage des Relativpronomens).

5.1.7. Die **Personalpronomina** der 1. und 2. Person besaßen jeweils zwei Stämme, von denen der eine im Nominativ vorlag, der andere sowohl als (endungsloser) Akkusativ diente als auch die Grundlage der übrigen Formen und des zugehörigen **Possessivpronomens** bildete. Sie bezeichneten entweder den Singular oder Dual und Plural und waren genusindifferent. Das (enklitische) **Reflexivpronomen** mit Akk. **se* und das **reflexive Possessivpronomen** **su̯ó-* 'eigen' galten für alle Personen, Genera und Numeri. Für die 3., situationsabhängig aber auch die 1. oder 2. Person ('ich hier, du da') gab es eine Anzahl von **Demonstrativpronomina** unterschiedlicher Funktion. Das **Interrogativpronomen** *$k^{w}í/k^{w}ó$- 'wer, was; welcher, welche, welches' wurde in seinen enklitischen Formen als **Indefinitpronomen** verwendet.

Lit.: Meier-Brügger, Idg. Sprachw. 227-234.
K. Brugmann, Grundriss der vergleichenden Grammatik der idg. Sprachen. Bd. II, 2. Teil. 2. Auflage. Straßburg 1911. S. 395-399 (Verwendung des Reflexivpronomens und des reflexiven Possessivpronomens).

5.1.8. Die Wortarten **Adjektiv** und **Substantiv** unterscheiden sich im grammatischen bzw. lexikalischen Status der Dimension Genus (entweder bestimmt durch die syntaktische Umgebung oder syntaktisches Merkmal des Lexems, s.u. 9.1).

Adjektiva und Substantiva waren im Uridg. nur teilweise morphologisch – durch wortartspezifische Suffixe oder Ablautstufen – differenziert und wurden grundsätzlich gleich flektiert. Auch in der Syntax war die Grenze durchlässig, weil Adjektiva in weitem Umfang substantiviert werden konnten. Aus diesen Gründen wird in der Indogermanistik meist zusammenfassend vom **Nomen** (Pl. Nomina) gesprochen.

Andere sprachwissenschaftliche Disziplinen verwenden den Terminus Nomen meist im Sinne von Substantiv, wohl unter dem Einfluss von engl. _noun_.

Lit. zu 5.1.1-8:
Beekes, Introd. 93 f., 167, 220-223.
Rix, Hist. Gr. Gr. 114 ff., 174, 188 f.

5.1.9. Die Wortart **Verbum** umfasste im Uridg. nur finite Verbalformen (= Formen mit Bezeichnung der Person, daher auch Personalformen genannt) und **Partizipien**. Formal charakterisierte **Infinitive** sind erst durch einzelsprachliche Neuerungen zustande gekommen, ausgehend von Kasusformen verschiedener Verbalabstrakta, die ebenso wie die Verbaladjektiva und die Nomina agentis (= substantivische und adjektivische Bezeichnungen für den Träger der Verbalhandlung) zur Wortart Nomen gehörten.

5.2.1. In Bezug auf die uridg. **Satzstruktur** ist zwischen Verbalsätzen und **verblosen Sätzen** zu unterscheiden. Zu letzteren gehörten unter anderem

(21) Identitätssätze vom Typ *_só moi̯ ph$_2$tḗr_* ‘das (ist) mein Vater’
(22) Lokalsätze vom Typ *_ph$_2$tḗr dḗm_ (Lok. Sg.)* ‘der Vater (ist) im Haus’
(23) Possessivsätze vom Typ *_dṓm_ (Nom. Sg.) _ph$_2$trés_ (Gen. Sg.)* ‘das Haus (ist) des Vaters, gehört dem Vater’.

Anders als in vielen idg. Einzelsprachen war die Kopula ‘sein’ kein obligatorischer Bestandteil des Prädikats. Das uridg. Verbum *_h$_1$es-_ ‘sein’ wurde wohl nur verwendet, wenn Person, Tempus oder Modus eigens bezeichnet werden mussten (d.h. außerhalb der 3. Personen des Indikativs Präsens und des Injunktivs, s. dazu 13.3.1), oder wenn ‘sein’ im Sinne von ‘dasein, vorhanden sein’ gemeint war:

(24) *ph_2trés* (Gen. Sg.) *dṓm* (Nom. Sg.) *$h_1$esti** ‘(im Besitz) des Vaters ist ein Haus vorhanden’, d. h. ‘der Vater hat ein Haus’.

5.2.2. In **Verbalsätzen** stand das Verbum normalerweise am Ende. Bei dramatischer Darstellung einer Handlungsfolge konnten die Einzelsätze aber auch mit den Verbalformen beginnen, auf denen der Erzählprogress (= das Weiterschreiten im Handlungszusammenhang) beruht.

5.2.3. An zweiter Stelle im Satz (d.h. nach dem ersten Wort, das immer betont war; s. u. 5.3.1) standen die Satzpartikeln und die enklitischen Formen der Personalpronomina, selbst wenn sie inhaltlich auf ein später im Satz erscheinendes Wort zu beziehen waren; vgl. Beispiel (21). Diese ‘**Wackernagelsche Wortstellung**’ gilt auch noch in vielen modernen idg. Sprachen, z.B. im nhd. oder frz. Nebensatz:

(25) *Ich weiß nicht, wer* ***mich*** *Ihnen empfohlen hat.*
Je ne sais pas qui ***m’*** *a recommandé à vous.*

Beim Umgang mit vedischen, altiranischen oder hethitischen Texten, die im Original und in den gebräuchlichen Editionen ohne Interpunktion vorliegen, erschließt man den Satzanfang daher nach dem Prinzip: ein Wort vor der ersten Wackernagelschen Partikel bzw. Pronominalform.

5.3.1. Für die uridg. **Satzintonation** war somit charakteristisch, dass jeder Satz mit einem betonten Wort begann. Hinter diesem Wort war der feste Platz der unbetonten wie auch einiger betonter Satzpartikeln und der unbetonten Pronominalformen (zu letzteren gab es für andere syntaktische Verwendungsweisen betonte Varianten). Da sich die unbetonten Elemente gewissermaßen an das vorhergehende betonte Wort ‘anlehnen’, bezeichnet man diese Erscheinung als **Enklise** (gr. *enklínei* ‘neigt sich’).

Proklise (= ‘Anlehnung’ an das folgende Wort) gab es im Uridg. nicht; zu Proklitika kamen erst die idg. Einzelsprachen durch die Umgliederung ursprünglicher Adverbien zu Präverbien (= Verbalpräfixen) und

Präpositionen, aber auch – soweit geschehen – durch die Verwendung anaphorischer Pronomina und des Zahlworts ‘eins’ als Artikel.

Lit.: Rix, Hist. Gr. Gr. 43 f.

5.3.2. Das **Verbum** war im Hauptsatz normalerweise unbetont, im Nebensatz dagegen betont. Im allgemeinen stand wohl der Nebensatz (ausgenommen appositive Relativsätze mit dem Pronomen **i̯ó-*, s. 5.1.6) dem Hauptsatz voran. Satzgefüge hatten demnach eine ähnliche Intonation wie der nhd. oder engl. Konstruktionstyp

(26) *Hätt' ich's gewusst* (/), *dann hätt' ich's dir gesagt* (\\).
Had I known (/), *I would have said it* (\\).

Unter bestimmten Bedingungen konnte das Verbum aber auch im Hauptsatz betont sein, so bei der Gegenüberstellung mit einem inhaltlich kontrastierenden Verbum (‘antithetischer Akzent’):

(27) *Der eine kommt* (/), *der andre geht* (\\).
One comes (/), *another goes* (\\).

Betont war es wohl auch in Hauptsätzen mit affirmativen (= bekräftigenden, wie ved. *íd*) oder kausalen (= begründenden, wie ved. *hí*) Partikeln, vgl.

(28) *Ich hab's ja gewusst* (/).
Well, I knew (/).

Rückschlüsse auf die Intonationskurve uridg. Sätze und Satzgefüge erlaubt vor allem das Vedische, wo die angegebenen Regeln gelten (allerdings gibt es dort keine konjunktionslosen Nebensätze mehr). Die Aussage des Vedischen wird durch das Griechische bestätigt, das weitgehende Unbetontheit des Verbums voraussetzt, und zwar sowohl durch die grundsätzliche Neuregelung des Verbalakzents als auch durch Einzelfälle wie

(29) *esti(n)* oder *estí(n)* 'ist' als Kopula < uridg. *$h_1$esti*
gegenüber (nicht nur) satzeinleitendem *ésti(n)* 'es gibt; es ist möglich' < uridg. *$h_1$ésti.*

Auch das Deutsche könnte mit dem Unterschied zwischen Verbendstellung im Nebensatz und Wackernagelscher Stellung des Verbums im Hauptsatz – vgl. nhd. ... *wenn es dir recht **ist*** gegenüber *Es **ist** mir recht* – ähnliche Verhältnisse wie im Vedischen voraussetzen.

Lit.: B. Delbrück, Der Gebrauch des Conjunctivs und Optativs im Sanskrit und Griechischen. Halle 1871. S. 96 ff., bes. 98.
B. Delbrück, Altindische Syntax. Halle a. d. Saale 1888 (Nachdruck Darmstadt 1976). S. 26-51.
Rix, Hist. Gr. Gr. 42 f. (Verbalakzent im Griechischen).

5.3.3. Vokativformen, die im Satzinnern oder am Satzende stehen, sind im Vedischen unbetont; zumindest optional, wenn nicht als Regel, galt dies wohl auch schon für das Urindogermanische. Zum Vokativakzent, der eine uridg. Neuerung darstellt, s.u. 5.4.4.

Lit. zu 5.2.1-5.3.3:
Meier-Brügger, Idg. Sprachw. 241-252, 269 f. (M. Fritz).

5.3.4. In uridg. Fragesätzen ohne Interrogativpronomen oder -partikel lag auf dem letzten Wort (der letzten Silbe?) höchstwahrscheinlich eine **Frageintonation**.

Für das Vedische ist Frageintonation auf der letzten Silbe bezeugt (sog. Pluti, 'Schweben'): der letzte Vokal im Satz ist – unabhängig vom Wortakzent, ggf. auch zusätzlich zu diesem – akzentuiert und 'schwebt'; Notation als Langvokal mit dem Akzentzeichen für Hochton und dem Zahlzeichen 3, z.B. *así3* 'bist du ...?'.
Eine weitgehend konsequente Bezeichnung der Satz- und der Frageintonation zeigt eine altarmenische Evangelienhandschrift (Codex Ējmiacin) aus dem Jahre 989.

Lit.: K. Strunk, Typische Merkmale von Fragesätzen und die altindische 'Pluti'. München 1983 (= SbBAW 1983, Heft 8).
B. O. Künzle, Das altarmenische Evangelium. I. II. Bern/Frankfurt am Main/Nancy/New York 1984. Bd. I (Edition in Umschrift). S. 95*-99*.

5.4.1. Mit Ausnahme der Enklitika besaßen uridg. Wörter und Wortformen einen **freien**, d.h. morphologisch geregelten und nicht von der Wortgrenze oder Silbenstruktur abhängigen **Wortakzent**.
Die Akzentstelle war phonologisch distinktiv:

(30) Gen. Sg. **reh$_1$-i̯-és* 'des Reichtums'
> ved. *rāyás*
Nom. Pl. **réh$_1$-i̯-es* 'die Reichtümer'
> ved. *rā́yas* = lat. *rēs*; vgl. Beispiel (15), (34).

5.4.2. Der freie Akzent des Uridg. war ein **vorwiegend musikalischer Akzent**, d.h. in erster Linie durch die Tonhöhe markiert, ähnlich wie noch im Vedischen (Grundfrequenz, in der Transkription unbezeichnet; Hoch- oder Steigton ´; Fallton `, der nach vorausgehendem Hochton nicht transkribiert wird), im Altgriechischen (Grundfrequenz, teilweise durch Gravis ` bezeichnet; Steigton, bezeichnet durch Akut ´; Fallton, unbezeichnet; nur auf Langvokalen und Diphthongen auch Steig-Fallton, bezeichnet durch Zirkumflex ˜, älter ^), im Litauischen, Serbischen, Kroatischen und Slovenischen.

Damit sind bereits fast alle idg. Sprachen genannt, in denen der Akzent nicht grundlegend neu geregelt ist.

Bei Annahme eines vorwiegend musikalischen Akzents erklärt sich die Abhängigkeit des Verbalakzents, wohl auch des Vokativakzents von der Stellung im Satz und damit von der Satzintonation (s. o. 5.3.2-3).

5.4.3. Für eine Epoche des Voruridg. lässt der Schwundablaut (s. o. 4.9) jedoch auf einen starken dynamischen Akzent schließen, wie ihn auch die meisten idg. Einzelsprachen wieder entwickelt haben (mit der Folge, dass unbetonte Kurzvokale zwischen Konsonanten schwinden: sog. **Synkope** [*ˈsyŋkopē*]).

5.4.4. Betonte Vokativformen (vgl. 5.3.3) waren im Uridg. auf der ersten Silbe akzentuiert, ohne Rücksicht auf den morphologisch geregelten Wortakzent im Paradigma:

(31) Vok. Sg. m. uridg. *$p\acute{\partial}_2ter$* (mit silbischem Laryngal, s. o. 3.2)
> ved. *pítar*
= gr. *páter*
= jav. *pitar*, vgl. Beispiel (1), (14), (18).

Der uridg. Vokativakzent hatte keine Rückwirkung auf den Ablaut. In Entsprechung zum Nom. Sg. *$ph_2t\acute{\bar{e}}(r)$ wäre nach den morphologischen Regeln (s. 9.2.1 a, 9.2.8 a) der Vok. **$ph_2t\acute{e}r$ zu erwarten, und so hat die Form im Voruridg. sicher auch gelautet. Die uridg. Neuregelung des Vokativakzents kann erst erfolgt sein, als das zum Schwundablaut führende Lautgesetz nicht mehr wirksam war (vgl. oben 4.9 und 2.5).

Lit.: Beekes, Introd. 148-154.
Szemerényi, Einf. 75-84.
Rix, Hist. Gr. Gr. 41-43.

Zur Selbstkontrolle:
1. Welche Wortarten fehlten im Uridg.?
2. Was versteht man unter 'Wackernagelscher Wortstellung'?
3. In welchen Fällen hat – nach Aussage des Vedischen – die uridg. Satzintonation den Wortakzent beeinflusst?

6. Lektion
Theoretische Grundlagen III: Morphologische Analyse

6.1.1. Bevor sich ein Indogermanist zu Form, Bedeutung, Alter und sprachhistorischer Herkunft eines Wortes äußert, wird er gewohnheitsmäßig den Versuch machen, dieses Wort morphologisch zu analysieren, d.h. es in die kleinsten bedeutungstragenden Elemente, die **Morpheme**, zu zerlegen. Er wird zunächst die **Morphemgrenzen** festlegen – wofür es unter Umständen mehrere Möglichkeiten gibt –, dann die einzelnen Morpheme sprachintern und sprachvergleichend bestimmen und schließlich überprüfen, ob sie ohne Ausnahme

- lautgesetzlich aus uridg. Vorläufern hervorgegangen sein können,
- ein in anderen Fällen nachgewiesenes Akzent- und Ablautverhalten zeigen und
- eine aus anderen Fällen bekannte Bedeutung bzw. Funktion besitzen.

Liegt in einem dieser Bereiche eine Auffälligkeit oder Unstimmigkeit vor, wird ein erneuter Versuch und, falls dieser zu keinem besseren Ergebnis führt, am Ende eine Sondererklärung notwendig.

6.1.2. Die damit beschriebene Forschungsrichtung heißt **Etymologie**, d.h. 'Lehre vom ursprünglichen Wortsinn' (gr. *étumos* 'wahr'). Ihr Ergebnis sind etymologische Deutungen, wie z. B. – stark abgekürzt – die folgenden:

(32) lat. *deus* m. < alat. *deivo-s* 'Gott'
= ved. *devá-s* m. '(himmlischer) Gott' usw.
< uridg. **dei̯u̯-ó-s* 'himmlischer Gott' ← *'der zum (hellen) Himmel gehört' (etymologische Ausgangsbedeutung)

Zugehörigkeitsbildung mit dem Suffix *-*ó*- (= Themavokal, s. u. 7.1; bei Adjektiva meist betont) und einem Infix *-*e*- an erstmöglicher Stelle im Wort, sog. **Vr̥ddhiableitung**, zu dem Grundwort uridg. **diu̯*- m. f., Nom. Sg. **di̯ḗu̯-s* 'Himmel; Tag', s. u. Beispiel (74). Formen des Grundwortes liegen z.B. vor in lat. Akk. _diem_ 'den Tag' (mit _e_ < *_ē_) = ved. _dyā́m_ 'den Himmel' < uridg. *_di̯ḗm_ (irregulär) < voruridg. **_di̯éu̯-m_

lat. Abl. (_ab_) _Iove_ 'von Jupiter', _sub Iove_ 'unter freiem Himmel' = ved. Lok. _dyávi_ 'am Himmel; am Tag' < uridg. Lok. *_di̯éu̯-i_

lat. Vok. _Iuppiter_ < _Iūpiter_ (lautliche Sondervertretung im Anruf) = gr. _Zeũ páter_ ~ ved. _dyàuṣ pítar_, < uridg. *_di̯éu̯_ *_pə́_$_2$_ter_ 'Vater Himmel!', vgl. Beispiel (31)

(33) gr. _theós_ m. < urgr. *_t_^{h}_ehó-s_ 'Gott' ← *'zur Feier gehörig, Gegenstand der Feier'
(nicht urgr. †_t_^{h}_ewó-s_ wegen myk. _te-o-_, _-w-_ müsste im Myk. erhalten sein)

Thematische Ableitung (s. u. 7.1) zu gr. _thes-_ 'Gott-' (vor Konsonant in Nominalkomposita) < uridg. *_d_^{h}_h_$_1$_s-_ 'kultische Feier', auch Adj. 'gefeiert' (zum Lautlichen vgl. oben 2.3 und 4.3.6)
Nom. Pl. *_d_^{h}_éh_$_1$_s-es_ 'die Gefeierten' > arm. _dikʿ_ 'Götter' (_i_ < *_ē_ < *_eh_$_1$, vgl. 4.3.3)

Weitere Ableitungen zum selben Grundwort:
Possessivadjektiv mit dem Suffix *_-to-_ 'versehen mit': *_d_^{h}_éh_$_1$_s-to-_ 'mit Feier versehen' > lat. (_diēs_) _fēstus_ 'festlich, Feier, Feiertag'
Zugehörigkeitsbildung *_d_^{h}_h_$_1$_s-nó-_ n. 'das zur Feier o. zum Gefeierten Gehörige' > *_fasnom_ > lat. _fānum_ 'Heiligtum'

Lit.: Fortson, IE Language and Culture 116 f. (auch zur Vr̥ddhiableitung), 78.
Pokorny, Idg. etym. Wb. 194 ff., 259.
A. Walde, J. B. Hofmann, Lateinisches etymologisches Wörterbuch. 4. Auflage. Heidelberg 1965. Bd. I, S. 345 f., 349 ff., 732, 489, 453 f.
Hj. Frisk, Griechisches etymologisches Wörterbuch. Heidelberg 1973. Bd. I, S. 610 f., 662 f.
M. Mayrhofer, Etymologisches Wörterbuch des Altindoarischen I. Heidelberg 1992. S. 742 f., 750 ff.

Auf etymologischem Gebiet spielt sich ein Großteil der indogermanistischen Forschung ab, einerseits deshalb, weil die Ergebnisse oft zum Verständnis der überlieferten Texte beitragen oder ein solches sogar erst ermöglichen, andererseits deshalb, weil mit der Sicherung bzw. Widerlegung etymologischer Entsprechungen die Arbeitsgrundlage des Faches gesichert wird (s.o. 1.2).

Lit.: H. Eichner, Sprachwandel und Rekonstruktion. In: Akten der 13. Österreichischen Linguistentagung, hg. von Ch. Zinko. Graz 1988. S. 10-40, bes. 20-25 und 33 f. (Etymologie als Teil des Rekonstruktionsverfahrens).

6.1.3. Die Methode der morphologischen Analyse hat die Indogermanistik von der Grammatik des **Pāṇini** (s. o. 1.1.1 a) übernommen, die in präzise formulierten, vielfach aufeinander bezogenen Regeln die formalen, semantischen und syntaktischen Eigenschaften spätvedischer Morpheme erfasst. Aussagen Pāṇinis zählen noch heute zur vedistischen Fachliteratur.

6.2. Idg. Verbal- und Nominalformen sind normalerweise aus folgenden Morphemen zusammengesetzt:

(Reduplikation +) Wurzel (+ Primärsuffix) (+ Sekundärsuffix)
+ Endung [+ Partikel].

Die der Endung vorausgehenden Elemente bilden zusammen den **Verbal-** bzw. **Nominalstamm**. Morpheme ausschließlich der Wurzel bezeichnet man zusammenfassend (oder in unklaren Fällen) auch als **Formantien**.

Die **Wurzel** (genauer **Verbalwurzel**; bei Nomina ohne verbale Grundlage stattdessen **Nominalbasis**, s. o. 4.6) ist Träger der lexikalischen Bedeutung, die allen davon gebildeten Formen und Ableitungen gemeinsam ist.

Die **Endung** ist Träger kombinierter grammatischer Funktionen. Beim Nomen bezeichnet sie Kasus, Genus und Numerus (s. 9. Lektion), beim Verbum Person, Numerus und Diathese, teilweise auch zusätzlich die Zeitstufe Gegenwart (s. 11. Lektion). Wird die Endung im Zusammenhang mit einem ihr vorausgehenden Stammvokal oder Suffix betrachtet, spricht man von **Ausgang**. Thematische Stämme haben also z.B. die Ausgänge *-o-s*, *-to-s*, *-no-s*, alle mit der Endung *-s*.

Suffixe vereinen meist eine grammatische Funktion mit einer (nicht immer bekannten) lexikalischen Bedeutungskomponente, die die Bedeutung der Wurzel bzw. des Grundworts modifiziert. Man unterscheidet zwischen **Primärsuffixen**, die unmittelbar an die Verbalwurzel treten, und **Sekundärsuffixen**, mit denen Ableitungen zu bereits existierenden Verbal- oder Nominalstämmen (Grundwörtern mit Primärsuffix, auch 'Nullsuffix') gebildet werden. Vgl. z.B.

(34) uridg. _*réh$_1$-i-s_ 'Besitz, Reichtum'
zu analysieren als _e_-stufige Wurzel _*reh$_1$_ 'geben' + Primärsuffix _-i-_ (bildet Resultativa [= Bezeichnungen für das Ergebnis der Handlung] mit Genus maskulinum oder femininum; Akzent- und Ablautverhalten noch nicht vollständig geklärt) + Endung _-s_ (Nom. Sg.)
Etymologische Ausgangsbedeutung demnach *'das Gegebene, die Schenkung'.

(35) aav. jav. _zaraθuštr-i-š_ Adj. 'zu Zarathustra gehörig'
zu analysieren als Grundwort _zaraθuštra-_ (Personenname) + Sekundärsuffix _-i-_ (bildet Zugehörigkeitsadjektiva zu thematischen Stämmen, wobei der Themavokal _-a-_ < _*-o-_ wegfällt) + Endung _-s_ (Nom. Sg. m./f.)
Etymologische Ausgangsbedeutung demnach wie belegt.

Die **Reduplikation** (= Wiederholung des ersten Radikals, in Sonderfällen auch einer wurzelanlautenden Konsonantengruppe, mit folgendem Kurzvokal _*e_ oder _*i_) tritt nur in fester Verbindung mit einem Suffix oder einem bestimmten Ablaut der Wurzel auf, vgl.

(36) ved. _já-gm-i-ṣ_ Adj. 'der die Eigenschaft hat, immer wieder zu gehen o. zu kommen'
zu analysieren als Reduplikation _já-_ < uridg. _*g^{w}é-_ + nullstufige Wurzel _gm_ < uridg. _*g^{w}m_ 'gehen, kommen' + Primärsuffix _-i-_ (bezeichnet in Verbindung mit akzentuierter, ursprünglich _e_-vokalischer Reduplikation eine bleibende Eigenschaft, die in der wiederholten Ausführung der Handlung zum Ausdruck kommt) + Endung _-s_ (Nom. Sg. m./f.)

Beim Verbum kann der Wortform außerdem das sog. **Augment** uridg. *$\acute{e}$- präfigiert werden, das die Vergangenheit bezeichnet (s. 16.2.2).

In zwei Sonderfällen wird ein Morphem in die Wurzel bzw. in den Nominalstamm **infigiert**. Der erste Sonderfall ist das verbale *n*-Infix (Nasalinfix):

(37) 3. Pl. Ind. Präs. uridg. **i̯u-n-g-énti* 'sie schirren an'
zu analysieren als nullstufige Wurzel **i̯ug* mit *n*-Infix vor dem letzten Radikal (bildet den Präsensstamm) + *e*-stufige Endung *-énti* (3. Pl. Akt. mit Bezeichnung der Gegenwart); vgl. Beispiel (8), näheres unter 15.2.

Den zweiten Sonderfall bildet das infigierte *-*e*-, das in Vr̥ddhiableitungen unmittelbar nach dem Anlautskonsonanten des Wortes steht (ausnahmsweise auch nach der anlautenden Konsonantengruppe); vgl. uridg. **d-e-i̯u̯-ó-* zu **diu̯-*, oben Beispiel (32), aber auch *h_2*u̯é.*h_1*n̥.to-* in Beispiel (32). Dieses Infix erscheint nur in Verbindung mit den Zugehörigkeitssuffixen *-*o*- (Themavokal) oder *-*i*-, einzelsprachlich auch *-*i̯o*-.

Zur Selbstkontrolle:

1. Aus welchen Morphemen besteht eine nichtreduplizierte idg. Verbal- oder Nominalform, und was wird durch die einzelnen Morpheme bezeichnet?
2. Worin besteht der Unterschied zwischen Primär- und Sekundärsuffixen?
3. Was versteht man unter einer idg. Vr̥ddhiableitung?

7. Lektion
Thematische und athematische Flexion

7.1.1. Als thematisch werden in der Indogermanistik alle Bildungen bezeichnet, die am Ende des Stammes den **Themavokal** uridg. *_o_ oder sein Allomorph *_e_ enthalten.

Die terminologische Einengung der traditionellen Bezeichnung Themavokal (= Stammvokal, zu gr. _théma_ 'Grundlage', auch 'Wortstamm') auf ein mit *_e_ ablautendes *_o_ ist durch die uridg. Verhältnisse bedingt.

7.1.2. Der Themavokal unterliegt nicht dem Schwundablaut, von dem ein voruridg. **_e_ in unbetonter Stellung erfasst wurde (s. o. 4.9). Die uridg. Verteilung der Ablautstufen *_o_ und *_e_ lässt sich aufgrund der Einzelsprachen wie folgt beschreiben:

- Beim Nomen lautet der Themavokal normalerweise *_-o-_, im (endungslosen) Vokativ Singular jedoch *_-e_; im Instrumental und Lokativ Sg. stehen neben *_-o-_h_1 *_-o-i_ die Varianten *_-e-_h_1 *_-e-i_, die auf den Einfluss von Pronominaladverbien zurückgeführt werden können.

- Beim Verbum lautet der Themavokal in den 1. Personen, im Optativ und in den Partizipien *_-o-_, sonst *_-e-_. Eine Ausnahme bildet die 3. Plural, die im Aktiv auf *_-ó-nt(i)_, unbetont *_-o-nt(i)_ ausgeht und sich auf diese Weise durchgehend von der athematischen 3. Pl. auf *_-ént(i)_, in unbetonter Stellung (s. 5.3.2) *_-ent(i)_, nullstufig *_-n̥t(i)_ unterscheidet. Auch beim aktiven Partizip auf *_-ó-nt-_, unbetont *_-o-nt-_ dient die gleichbleibende Vokalqualität der Differenzierung gegenüber athematischem *_-ént-_ ~ *_-n̥t-_.

Lit.: Meier-Brügger, Idg. Sprachw. 162 o. (mit Verweis auf J. E. Rasmussen, Studien zur Morphophonemik der indogermanischen Grundsprache, Innsbruck 1989, 136-144).
Fortson, IE Language and Culture 77 f., 113 ff., 89.

- Beim Pronomen lautet der Themavokal in betonten Formen (überwiegend) *-_ó_-, in unbetonten Formen (überwiegend) *-_e_-, vgl.

(38) Gen. Sg. m.n. des Interrogativpronomens _*k^{w}ósi̯o_ 'wessen?'
  > ved. _kásya_ = aav. _kahiiā_, satzeinleitend
  ~ lat. _cuius_, alat. noch _quoius_ (Endung durch -_s_ verdeutlicht)
  vgl. abg. _kogo_ m. (!) < _*k^{w}óso_ mit umgebildetem Ausgang und ae. _hwæs_ < _*k^{w}óso_ (beide auch indefinit verwendet); arm. _oyr_, indefinit _owrowkʿ_ < _*k^{w}ósi̯o_ mit Erweiterung(en), verwendet in Bezug auf Personen

(39) Gen. Sg. m. n. des Indefinitpronomens _*k^{w}esi̯o_ 'irgendjemandes, irgendeines'
  > aav. _cahiiā_, in Enklitikaposition (= Wackernagelscher Stellung, s. 5.2.3)
  vgl. abg. _česo_ n. (!) und got. _hvis_ = ahd. (_h_)_wes_ < _*k^{w}eso_ sowie hom. _teo_, kontrahiert _teu_ < _*k^{w}esi̯o_ oder _k^{w}eso_ (alle auch interrogativ verwendet, im Griechischen dann akzentuiert); arm. _ēr_, indefinit _irikʿ_ < _*k^{w}esi̯o_ mit Erweiterung(en), verwendet in Bezug auf Sachen.

Lit.: G. Dunkel, IE conjunctions: pleonasm, ablaut, suppletion. Zeitschrift für vergleichende Sprachforschung 96, 1982/83, 178-199.
Rix, Hist. Gr. Gr. 136, 187, 205 f., zitiert bei Meier-Brügger, Idg. Sprachw. 231.

Auch wenn hier noch das meiste im unklaren bleibt, dürfte doch feststehen, dass beim Themavokal kein Ablaut betont *-_é_- zu unbetont *-_o_- (oder Null) vorausgesetzt werden kann. Die Materiallage spricht aber auch nicht für eine Umfärbung von *-_e_- zu *-_o_- durch Einfluss benachbarter Laute. Mit größerer Wahrscheinlichkeit handelt es sich daher um ein ursprüngliches *-_o_-, das in unbetonter Stellung zu *-_e_- wurde, so dass Lautgesetz (20) wie folgt zu ergänzen wäre:

(40) a) voruridg. **_è_ > voruridg. Ø = uridg. Ø
  b) voruridg. **_ò_ > uridg. *_è_
  Eintritt von b erst nach Abschluss von a.

Zu weiteren Anwendungsmöglichkeiten für (40 b) vgl. unten 11.3.1-2.

7.1.3. Die thematische Flexion (historisch korrekt: die Bildung thematischer Stämme) ging wohl vom Pronomen aus und wurde von dort auf dem Wege über das Adjektiv sowohl auf das Substantiv als auch auf das Verbum übertragen:

them. Pronomina → them. Adjektiva → them. Substantiva

↳ them. Verbalstämme (hauptsächlich Präsensstämme)

Dass zwischen thematischen Adjektiva und thematischen Präsensstämmen ein sprachhistorischer Zusammenhang besteht, zeigt die formale Gleichheit der Suffixe **-i̯o/e-*, **-sḱo/e-*, **-u̯o/e-* usw., die im Idg. verbal und nominal auftreten; vgl. z.B.

(41) Adj. uridg. *$g^{w}ih_{3}$-*u̯ó-s* ‘lebendig’
> ved. *jīvá-s* = lat. *vīvus* = abg. *živъ* usw.

(42) 3. Sg. Ind. Präs. uridg. *$g^{w}ih_{3}$-*u̯e-ti* ‘ist *$g^{w}ih_{3}$*u̯ó-*, lebt’
> ved. *jīvati* (betont *jī́vati*) = lat. *vīvit* = abg. *živetъ*

In diesem Bereich besteht noch erheblicher Forschungsbedarf, vgl. auch 14.3 am Ende. Sondererklärungen für die Herkunft der thematischen Verbal- oder der thematischen Nominalflexion helfen jedenfalls nicht weiter.

Lit.: Szemerényi, Einf. 266 ff.
Beekes, Introd. 194.
H. Rix, Die Termini der Unfreiheit in den Sprachen Alt-Italiens. Stuttgart 1994. S. 79 („hocharchaische Denominativbildung mit Nullsuffix“); zitiert bei Meier-Brügger, Idg. Sprachw. 168 f.
G. Curtius, Zur Chronologie der idg. Sprachforschung. 2. Auflage. Leipzig 1873. S. 45 ff. (Annahme eines vorgrundsprachlichen Derivationsverhältnisses zwischen Nominal- und Verbalstämmen, speziell Adjektiva und Präsentien; in den formalen Details veraltet.)

7.1.4. Thematische Bildungen zeigen keinen paradigmatischen Ablaut (lauten nicht ab), das heißt: Wenn man den Wechsel *o* ~ *e* beim Themavokal vernachlässigt (s.o.), werden alle Flexionsformen vom gleichen Stamm gebildet.

(43)	Nom. Sg.	*$g^{w}ih_{3}$-u̯ó-s	>	lat.	*vīvus*
	Akk. Sg.	*$g^{w}ih_{3}$-u̯ó-m	>		*vīvum*
	Gen. Sg.	*$g^{w}ih_{3}$-u̯ó-s(i̯o)	>		*vīvī* (Endungsersatz)
	usw., vgl. 9.2				

(44)	1. Sg.	*$g^{w}ih_{3}$-u̯o-h_{2}	>	lat.	*vīvō*
	2. Sg.	*$g^{w}ih_{3}$-u̯e-si	>		*vīvis*
	3. Sg.	*$g^{w}ih_{3}$-u̯e-ti	>		*vīvit*
	1. Pl.	*$g^{w}ih_{3}$-u̯o-mos	>		*vīvimus* (mittleres -*i*- < *-*o*-)
	2. Pl.	*$g^{w}ih_{3}$-u̯e-tes	>		*vīvitis*
	3. Pl.	*$g^{w}ih_{3}$-u̯o-nti	>		*vīvunt*
	usw.				

Beim finiten Verbum könnte *-*u̯e*- (wie auch *-*e*- usw.) ursprünglich das unbetonte, *-*u̯ó*- (bzw. *-*ó*- usw.) das betonte Suffixallomorph gewesen sein, wobei die Verteilung syntaktisch geregelt war (ersteres normalerweise in Hauptsätzen, letzteres am Satzanfang und im Nebensatz, s.o. 5.3.2). Im Uridg. war aber bereits für jede Person eine Variante verallgemeinert, im allgemeinen wohl die häufiger verwendete (zur 3. Pl., die mit dem *nt*-Partizip zusammengeht, vgl. 7.1.2 Abs. 3).

Die Eigenschaft thematischer Paradigmen, keine Stammallomorphie mit Akzentwechsel und Schwundablaut zu zeigen (s. u. 7.3), führte in fast allen Einzelsprachen zur Ausbreitung der thematischen Flexion auf Kosten athematischer Paradigmen. Eine Ausnahme macht das Anatolische, zumindest beim Verbum.

7.2. Athematische Paradigmen lauten ab, wobei zwischen zwei (unter besonderen Bedingungen auch drei) Stammallomorphen zu unterscheiden ist:

- **starker Stamm**
  beim Nomen im Nom., Akk. und Vok. aller Numeri;
  beim Verbum in der 1., 2. und 3. Person Singular Aktiv

- starker oder mittlerer Stamm
  bei bestimmten nominalen Flexionstypen im Lokativ Singular, bedingt durch Endungslosigkeit; vgl. Beispiel (45) und (46)

- **schwacher Stamm**
  in allen übrigen Fällen.

Vom schwachen Stamm werden alle Formen gebildet, deren Endungen betont auftreten können. Vom starken oder mittleren Stamm werden Formen gebildet, die entweder endungslos sind oder eine konstant unbetonte, in der Regel (ursprünglich) vokallose Endung haben. Vgl. z.B. die Wörter für 'Erde' und 'Vater' im Singular:

(45)	Nom.	*d^{h}éǵ^h-ōm < **d^{h}éǵ^h-om-s*	(starker Stamm)
	Akk.	*d^{h}éǵ^h-ōm < **d^{h}éǵ^h-om-m*	(starker Stamm)
	Instr.	*d^{h}ǵ^h-m-éh_1*	(schwacher Stamm)
	Dat.	*d^{h}ǵ^h-m-éi̯*	(schwacher Stamm)
	Gen./Abl.	*d^{h}ǵ^h-m-és*	(schwacher Stamm)
	Lok.	*d^{h}ǵ^h-ém(-i)*	(mittlerer Stamm, endunglos, optional um die Partikel *-i erweitert)
	Vok.	*d^{h}éǵ^h-om*	(starker Stamm)

(46)	Nom.	*ph_2tḗ(r) < **p$h_2$tér-s*	(starker Stamm), vgl. (18)
	Akk.	*p$h_2$tér-m̥*	(starker Stamm, -m ursprünglich unsilbisch)
	Instr.	*p$h_2$tr-éh_1*	(schwacher Stamm)
	Dat.	*p$h_2$tr-éi̯*	(schwacher Stamm)
	Gen./Abl.	*p$h_2$tr-és*	(schwacher Stamm)
	Lok.	*p$h_2$tér-i*	(starker Stamm, endunglos, erweitert um die Partikel *-i).
	Vok.	*pə́$_2$ter*	(starker Stamm)

Lit.: Meier-Brügger, Idg. Sprachw. 203 sowie 200 ('Erde'), 197 ('Vater').
Fortson, IE Language and Culture 103 ff.

Aus (ehemals) durchgehend endbetonten Paradigmen wie (46) ist wohl die uridg. Regel abgeleitet, dass der Akzent im starken Stamm prinzipiell auf einem dem Wortanfang näheren Morphem liegt als im schwachen. Bei Anfangsbetonung des schwachen Stammes ist diese Regel natürlich nicht anwendbar (zu der hier angeschnittenen Problematik vgl. die 10. Lektion).

7.3. Die statische (= konstant dasselbe Morphem betonende) Akzentuierung thematischer Paradigmen ist vor diesem Hintergrund darauf zurückzuführen, dass
a) in thematischen Paradigmen stets der Themavokal oder ein davorstehendes Element des Stammes betont war, aber niemals die Endung, und
b) die Anwendung der obengenannten Regel auf athematische Stämme beschränkt blieb.

Zur Selbstkontrolle:
1. Was versteht man unter thematischer Flexion?
2. Wie sind die Ablautstufen *o* und *e* des Themavokals beim Nomen und beim Verbum verteilt?
3. Welche Kasusformen des Nomens und welche Personalformen des Verbums werden vom starken Stamm gebildet?
4. Welcher prinzipielle formale Unterschied besteht zwischen starkem und schwachem Stamm?

8. Lektion
Nominalkomposition

8.0. Innerhalb der **nominalen Stammbildung** des Uridg. und der alt-idg. Sprachen bestehen prinzipiell drei Bildemöglichkeiten:

- die **suffixale Ableitung** (s. die Beispiele unter 6.1.2 und 6.2)
- die Ableitung ohne Suffix, allein durch Akzentverlagerung und den damit verbundenen Wechsel des Flexionstyps (sog. **interne Derivation**, s. 10.4.1)
- die **Nominalkomposition**.

Unter Nominalkomposita versteht man Zusammensetzungen aus zwei Lexemen, die in der Regel eine Akzenteinheit bilden und sich in Bezug auf die Wortart (s.o. 5.1.8) und den Antritt von Flexionsendungen (s. 9. Lektion) wie ein einzelnes Nomen verhalten. Jedes der beiden Kompositionsglieder kann seinerseits ein Kompositum sein.

Wenn ein bereits bestehendes Kompositum zum Kompositionsglied wird, z. B. *Wiesenblumen* in Verbindung mit *Strauß*, kann das mittlere Lexem ausfallen. In solchen Fällen spricht man von 'Wiesenstrauß-Komposita'.

Im Hinblick auf die Wortart der beteiligten Lexeme, die Verwendung von Kompositionssuffixen und die Funktion des gesamten Kompositums lassen sich eine Reihe von **Kompositionstypen** unterscheiden.

8.1. Sind zwei formal und syntaktisch eigenständige Wortformen zu einer Akzenteinheit verbunden, bezeichnet man das so entstandene Kompositum als Zusammenrückung oder **Univerbierung.** Hierher gehören unter anderem

a) **Iterativkomposita** (in altindischer Terminologie: Āmreḍitas) zur Bezeichnung der Wiederholung, z.B.

(47) ved. *dyávi-dyavi* 'Tag für Tag' (doppelt gesetzter Lokativ, vgl. 10.3)

b) Kopulativ- oder besser Koordinativkomposita (**Dvandvas**) zur Bezeichnung der Zusammengehörigkeit, vgl.

(48) ved. *páñca-daśa* ~ lat. *quīndecim* (< **quīnque-decem*) ~ got. *fimf-taíhun* 'fünfzehn' (aber agr. *pente-kaí-deka*, ngr. *deka-pénte* [ðɛkaˈpɛndɛ])

(49) ved. *pitā-putráu* 'Vater und Sohn', flektiert im Numerus Dual (s. u. 9.3.3), sog. **Dualdvandva**. In diese Gruppe gehören auch Fälle wie *mātárā-pitárā* 'Mutter und Vater' mit Doppelakzent und Doppelflexion (beide Einzellexeme im Dual).

Alle suffixlosen idg. Kompositionstypen gehen wohl letztlich auf Univerbierungen zurück.

8.2. Komposita, die durch suffixale Ableitung aus einem zweigliedrigen Syntagma hervorgegangen sind, bezeichnet man mit einem Terminus von Ernst Risch als **Ableitungskomposita** (traditionell: Hypostasen). Als Kompositionssuffixe dienen uridg. **-o-*, **-i̯o-* und **-iHo-* bzw. deren einzelsprachliche Fortsetzer. Hierher gehören unter anderem:

a) **hypostasierte Adverbialausdrücke**, wie z. B.

(50) hom. **pàn* (belegt *pãn*) *ē̃mar* 'den ganzen Tag über' (Syntagma im adverbiellen Akk.)
→ hom. *păn-ēmér-io-* 'ganztägig' (suffixal deriviertes Adjektiv)

b) in idg. Einzelsprachen auch hypostasierte Präpositionalausdrücke (= **präpositionale Rektionskomposita**); das Hinterglied enthält die syntaktische Ergänzung zu der im Vorderglied stehenden Präposition:

(51) hom. *ein halí* 'im Meer (Lok.)' (mit gelängtem ⟨*ein*⟩ [eːn] für *en* 'in' durch Einfluss des Metrums)
→ hom. *ein-ál-io-s* (für *en-ál-io-s*) 'im Meer lebend'

Soweit entsprechende Komposita bereits in der idg. Grundsprache vorkamen, fielen sie sämtlich unter Typ a, weil es in dieser Sprache noch keine Präpositionalausdrücke gab (s. o. 5.1.2).

(52) uridg. *_p(r)óti $h_2$óp-m̥_ (Akk.) 'dem Wasser entgegen'
(in jav. _pa^{i}ti āpəm_ 'zum Wasser hin', auch univerbiert _pa^{i}tiiāpəm_ 'gegen die Strömung')
→ *_p(r)eti-h_2p-ó-_ 'dem Wasser entgegen gerichtet'
(in ved. _pratīpá-_, jav. _pa^{i}tipa-_ 'gegen die Strömung gerichtet', zum Lautlichen s. o. 4.3.3).

c) **Komplexivkomposita**, meist mit Zahlwort im Vorderglied, zur Bezeichnung einer Gesamtmenge, z. B.

(53) ved. _tisró dyā́vas_ Nom. Pl. f. 'drei Himmel'
→ _tri-div-á-m_ n. 'die drei Himmel (insgesamt)'

lat. _trēs diēs_ 'drei Tage'
→ _tri-duum_ (< *_tri-di̯u-o-m_) 'Zeitraum von drei Tagen'.

Vgl. oben Beispiel (32) und unten 10.3.

8.3. Bei **Determinativkomposita** (Tatpuruṣas) wird das Kompositionshinterglied, das daneben auch als Simplex (= unkomponiert) gebräuchlich ist, durch das Vorderglied inhaltlich näher bestimmt. Komposita dieses Typs zeigen normalerweise kein Kompositionssuffix, es liegt auch keine Ableitung vor.

(54) ved. _viś-páti-ṣ_ = jav. _vis-pa^{i}ti-š_ 'Hausherr' ~ lit. _viẽš-pat(i)s_ 'Herr'
< uridg. *_u̯éi̯ḱ-poti-s_

(55) Oppositionsbildung mit dem Negationspräfix uridg. *_ń̥-_:

ved. _á-jñāta-s_ ~ gr. _á-gnō(s)to-s_ ~ lat. _ignōtus_ (< *_en-gnōto-s_) ~ got. _un-kunþ-s_ 'unbekannt' ~ air. _ingnad_ 'ungewohnt'
< uridg. *_ń̥-ǵn̥$h_3$to-s_ 'unbekannt',

in diesem Fall ausgehend von einem Verbaladjektiv auf *_-tó-_:

ved. _jñātá-s_ ~ gr. _gnō(s)tó-s_ ~ lat. _(g)nōtus_ ~ got. _kunþ-s_ 'bekannt' ~ air. _gnáth_ 'gewohnt'
< uridg. *_ǵn̥h_3-tó-s_ 'bekannt' zur Wurzel *_ǵnoh$_3$_ 'erkennen'.

Neben der betonten Satznegation *$n\acute{e}$* (s. 5.3.1) stand ursprünglich deren unbetonte Kompositionsform *$\textit{n̥}$- < *$n\grave{e}$-. Die (oppositionelle) Akzentuierung des Negationspräfixes setzt voraus, dass der Ablaut *e* ~ Ø nicht mehr akzentabhängig und also auch die betonte Nullstufe möglich war, vgl. oben 4.9. – Zur regulären Entwicklung der Lautfolge *$\textit{n̥}h_3$ s. o. 4.3.3. Im Indoiranischen und Italischen ist hier aus Deutlichkeitsgründen die Hochstufe der Wurzel eingeführt, um Homonymie mit den lautgesetzlichen Fortsetzern von uridg. *$\textit{ǵn̥}h_1$-*tó-s* '(neu)geboren' zu vermeiden, ved. *jātá-s* bzw. lat. *(g)nātus*.

8.4.0. Verbale Rektionskomposita im engeren Sinne enthalten ein Verbalnomen (oder eine finite Verbalform, s. 8.4.2 ab) und ein Nomen, das als die zugehörige syntaktische Ergänzung fungiert; es wird kein Kompositionssuffix verwendet. Aufgrund formaler und funktionaler Übereinstimmungen ordnet man diesem Kompositionstyp allerdings auch solche Komposita zu, in denen ein Verbalnomen durch das andere Glied lediglich näher bestimmt wird, insbesondere wenn dieses Verbalnomen nicht gleichzeitig als Simplex vorkommt (**verbale Determinativkomposita**, vgl. oben 8.3).

8.4.1. Verbale Rektionskomposita **mit regierendem Hinterglied** bzw. verbale Determinativkomposita mit einer adverbiellen Bestimmung (einzelsprachlich meist: einem Präverb) im Vorderglied sind z.B.

(56) gr. *agro-nómo-s* 'landbewohnend'
gebildet auf der Grundlage von *agroùs* (Akk. Pl.) *néme-tai* 'bewohnt das Land' mit Verbalnomen in **statischer** Funktion und direktem Objekt; zum thematischen Nomen agentis vgl. Beispiel (107)

(57) gr. *amphí-polo-s*, myk. *a-pi-qo-ro* m. f. 'Diener(in)' = lat. *anculus* m. 'Diener'
< uridg. *$h_2\textit{m̥}b^hi$-k^wolh_1-*o-s* 'der o. die sich herumbewegt'
mit **agentivem** Verbalnomen zum Verbum *$k^w\acute{e}lh_1$-*e-* 'sich drehen, sich bewegen' im Hinterglied und Adverb (einzelsprachlich Präverb oder Präposition) im Vorderglied

(58) ved. *rathe-ṣṭhā́-s* = jav. *raθaē-štå* m. 'der auf dem Streitwagen steht, Wagenkämpfer'
mit einem Wurzelnomen **resultativer** Funktion zum Verbum **stah₂* 'sich hinstellen, wohin treten' im Hinterglied und dem Lokativ Sg. zu *rátha-* m. 'Streitwagen' im Vorderglied

(59) ved. *sa-yúj-* 'vereint' ~ gr. *sú-zug-* 'zusammen angeschirrt, vereint, verehelicht' ~ lat. *con-iug-* m. f. 'Gatte, Gattin' (mit äquivalenten, nicht etymologisch verwandten Präfixen)
< uridg. **sm̥-i̯ug-* 'zusammen angeschirrt'
mit einem Wurzelnomen **resultativer** Funktion zum Verbum **i̯eu̯g* 'anschirren' im Hinterglied und einem Adverb (einzelsprachlich Präverb) im Vorderglied.

8.4.2. Hauptsächlich in der Dichtersprache und als Personennamen sind auch verbale Rektionskomposita (im engeren Sinne) **mit regierendem Vorderglied** belegt, und zwar in drei Typen verschiedener Herkunft:

a) Das Vorderglied besteht, sprachhistorisch gesehen, in einer 2. Sg. Imperativ ('Fürchtegott-Komposita').

(60) ap. PN *Xšaya-ạršan-* 'Xerxes', appellativische Bedeutung *'der über die Männer herrscht' ← *'herrsche über die Männer!'
gr. *ekhé-phron-* 'verständig', auch als Personenname verwendet, ← *'habe Verstand!' (*phrén-* f.)

b) Das Vorderglied besteht, sprachhistorisch gesehen, in einer thematischen 3. Sg. Injunktiv Präsens oder Aorist (zur verbalen Kategorie vgl. unten Beispiel (93) und Abschnitt 13.3.1).

(61) ved. *kṣayád-vīra-* 'der über die Männer herrscht' ← *'er herrscht über die Männer', neben einem Satz wie RV VII 20,6 *kṣáyat sá rāyás* (Gen. Sg.) 'der verfügt über den Reichtum'

c) Das Vorderglied besteht, sprachhistorisch gesehen, in einem Verbalabstraktum auf *-*ti*-.

(62) gr. *terpsí-mbroto-* 'der die Sterblichen erfreut' ← *'der den Sterblichen (*brotó-* m. < **mr̥-tó-*) Freude (*térpsi-* < **térp-ti-* f.) bringt'

ved. *vr̥ṣṭí-dyu-* 'der den Himmel regnen lässt' ← *'der vom Himmel her (*div-* m. f.) Regen (*vr̥ṣṭí-* f.) bringt'

In ihrer etymologischen Ausgangsbedeutung waren diese Bildungen Possessivkomposita mit faktitiver Funktion, vgl. unten Beispiel (67); also z. B. *'der einen Regen-Himmel macht'.

8.5. Possessivkomposita (**Bahuvrīhis**) charakterisieren den jeweiligen Referenten als Besitzer, selten auch Bringer einer Sache, die durch die Kompositionsglieder bezeichnet ist. Normalerweise wird kein Kompositionssuffix verwendet.

(63) gr. *rhodo-dáktulo-s* f. 'die Finger wie Rosen hat, rosenfingrig' (von der Morgenröte)

(64) ved. *tri-pā́d-* ~ gr. *trí-pod-* ~ lat. *tri-ped-* 'dreifüßig, Dreifuß'

(65) **Privativkomposita** mit dem Negationspräfix uridg. **n̥-* (Ablautallomorph der Satznegation **né*) im Vorderglied, vgl. Beispiel (55):

ved. *a-pā́d-* ~ gr. *á-pod-* 'fußlos'
lat. *in-ers*, *-ertis* 'ungeschickt, träge' ← *'ohne Kunst (*ars*, *artis* f.)'

(66) gr. *én-theo-s* 'einen Gott in sich habend' → 'begeistert, inspiriert' → 'enthusiastisch'
(Possessivkompositum mit Adverb im Vorderglied)

(67) hom. PN *Patro-klées-*, verkürzt *Pátro-klo-* m. *'der seinem Vater Ruhm (*klées-* n.) bringt' (faktitives Possessivkompositum)
fem. Entsprechung hom. *Kleo-pátr-ē* mit **inverser** (= umgekehrter) **Stellung** der Glieder, vgl. oben Beispiel (62).

8.6. Mit Bezug auf die Referenzeigenschaften unterteilt man die genannten Kompositionstypen bisweilen in **endozentrische** und **exozentrische Komposita**. Bei der ersten Gruppe (Iterativkomposita, Koordinativkomposita, Determinativkomposita und verbale Rektionskomposita) referiert bereits ein Kompositionsglied, wenn nicht sogar beide, auf die betreffende Person oder Sache; bei der zweiten Gruppe (Ableitungskomposita und Possessivkomposita) referiert erst das Kompositum als Ganzes.

8.7. Von den Möglichkeiten der idg. Nominalkomposition wird nicht nur im Indoiranischen und Griechischen, sondern auch im Lateinischen, Keltischen, Germanischen (noch Nhd.), Slavischen, Baltischen und Armenischen ausgiebig Gebrauch gemacht. Das umfangreiche Belegmaterial erlaubt es, zumindest einen Teil der uridg. Kompositionsregeln sicher zu erschließen (am wenigsten zugänglich sind die Akzentregeln). Mehrsprachige Gleichungen sind allerdings selten, so dass nur wenige Komposita mit ihrer spezifischen Form und Bedeutung für das Uridg. rekonstruiert werden können. Hieraus folgt, dass alle Kompositionstypen, die in den idg. Einzelsprachen belegt sind, während der jeweiligen einzel- oder voreinzelsprachlichen Entwicklung produktiv geblieben sein müssen, soweit sie nicht überhaupt erst (vor)einzelsprachlich produktiv geworden sind.
Produktiv waren idg. Nominalkomposita, besonders Possessivkomposita, Determinativkomposita und verbale Rektionskomposita, vor allem in den Bereichen **Namengebung** und **Dichtersprache** – zwei Bereiche, die in den kompositionsarmen Sprachzweigen Anatolisch und Tocharisch von einem Traditionsbruch betroffen sind.

Lit.: Meier-Brügger, Idg. Sprachw. 295-298.
Fortson, IE Language and Culture 122 f. (Nominalkomposition), 34 f. (Personennamen).
K. Brugmann, Grundriss der vergleichenden Grammatik der indogermanischen Sprachen II,1. 2. Auflage. Straßburg 1906. S. 49-120.
E. Risch, Wortbildung der homerischen Sprache. 2. Auflage. Berlin/New York 1974. S. 181-230.
G. Dunkel, Two old problems in Greek: *ptólemos* and *terpsímbrotos*. Glotta 70, 1992. S. 197-225.

M. Durante, Untersuchungen zur Vorgeschichte der griechischen Dichtersprache. Das Epitheton. In: R. Schmitt (Hrsg.), Indogermanische Dichtersprache. Darmstadt, WBG 1968. S. 291-323.

Zur Selbstkontrolle:

1. Welchen Kompositionstypen gehören die folgenden Freiburger Familiennamen an, und was wäre ihre appellativische Bedeutung?
   a) *Frauenknecht*, *Gutg(e)sell*, *Steinhart*, *Unmüßig*
   b) *Schwarzrock*, *Langbein*, *Frommherz*, *Muckenhirn*
   c) *Kalkbrenner*, *Oelschläger*; *Schmelzeisen*, *Luginsland*
   d) *Imhof*, *Vonderstraß*, *Leibundgut*, *Baldauf*, *Ohnemus* (vgl. *Unmüßig*).
2. Was versteht man unter Ableitungskomposita?

9. Lektion
Nominalflexion: Kasus, Numerus, Genus

9.1. Die grammatischen Dimensionen des idg. Nomens (auch des Pronomens und der Zahlwörter, von denen jeweils ein Teil Besonderheiten zeigt) sind

- **Kasus** mit 8 uridg. Kategorien: Nominativ, Akkusativ, Instrumental, Dativ, Ablativ, Genetiv, Lokativ, Vokativ
- **Numerus** mit 3 uridg. Kategorien: Singular, Dual, Plural
- **Genus** mit 3 uridg. Kategorien: Maskulinum, Femininum, Neutrum (beim Substantiv keine grammatische Dimension, sondern lexikalische Eigenschaft).

Dass man in der Aufzählung normalerweise „Kasus, Genus, Numerus" sagt, liegt an **Behaghels Gesetz** (Gesetz der wachsenden Glieder, insbesondere bei Aufzählungen).

9.2.0. Die **Kasus** bezeichnen syntaktische Beziehungen innerhalb des Satzes, ausgenommen der Vokativ, der wohl aus diesem Grunde im Singular endunglos ist.

9.2.1. Der **Nominativ** bezeichnet das Subjekt und das Prädikatsnomen. Formal war der Nom. im Uridg. gekennzeichnet

a) im Singular
- beim Maskulinum und normalerweise auch beim Femininum durch die Endung uridg. **-s*, die in Fällen wie Beispiel (18) mit Ersatzdehnung geschwunden ist (them. Ausgang **-o-s*)
- beim athematischen Neutrum sowie bei den femininen ah_2- und ih_2-Stämmen (s. u. 9.4.3) durch Endungslosigkeit; pronominale *i*-Stämme haben den Ausgang **-i-d*
- beim thematischen Neutrum durch den Ausgang **-o-m*, pronominal **-o-d*

b) im Plural
- beim Maskulinum und Femininum durch die Endung *\-*es* (them. Ausgang *\-*o-es* > *\-*ō̃s*, pronominal *\-*oi̯*)
- beim Neutrum durch die Endung *\-h_2 (s.u. 9.3.1 und 9.3.2)

c) im Dual
- beim Maskulinum und normalerweise auch beim Femininum durch die Endung *\-h_1e/-h_1 (them. Ausgang *\-*o*-h_1)
- beim Neutrum sowie bei den femininen *a*h_2- und *i*h_2-Stämmen (s. u. 9.4.3) durch die Endung *\-*i*h_1 (Ausgänge *\-*a*h_2-*i*h_1, *\-*i*h_2-*i*h_1; them. Ausgang *\-*o-i̯*h_1).

9.2.2. Der **Akkusativ** bezeichnet das affizierte oder effizierte Objekt der Verbalhandlung (direktes Objekt), die Richtung (Akk.-Ergänzung zu Bewegungsverben), die räumliche Ausdehnung und die Zeitdauer, bei Verbalabstrakta auch die Realisationsform der Handlung (Akk. des Inhalts: *er geht einen schweren Gang*).
Die Akkusativendungen sind beim Neutrum mit den Nominativendungen identisch. Beim Maskulinum und Femininum lauteten sie im Uridg.
a) im Singular *\-*m*, nach Konsonant *\-*m̥* (them. *\-*o-m*)
b) im Plural *\-*ms* bzw. *\-*m̥s* (them. *\-*o-ms*)
c) im Dual wie die Nominativendungen.

Dass der Akk. Pl. im Uridg. den Nasal *m* enthielt, also in Akk. Sg. plus Pluralzeichen *\-*s* segmentiert werden kann, zeigt heth. *-us* < *\-*m̥s*, nicht †*-as* < *\-*n̥s*.

9.2.3. Der **Instrumental** bezeichnet das Mittel, den Begleiter (soziativer Instrumental), die räumliche ('über ... hin') und zeitliche Erstreckung sowie den Grund.
Die uridg. Kasusendungen lauteten, soweit rekonstruierbar
a) im Singular betont *\-*é*h_1, unbetont *\-h_1 (them. Ausgang *\-*o*-h_1, pronominal auch *\-*e*-h_1); unerklärt ist heth. (nicht luw.) *-it*, auch *-t*(*a*), für Instr. Sg. und Pl.
b) im Plural *\-*b*^{h}*is* (them. Ausgang jedoch *\-*ō̃i̯s*)
c) im Dual ?*\-*b*^{h}*i*h_1; iir. ersetzt durch *\-*b*^{h}*i̯o*h_1.

9.2.4. In der Anwendung auf Personen bezeichnet der **Dativ** jemanden, der von der Handlung betroffen oder mitbetroffen ist, insbesondere in der Weise, dass er einen Nutzen oder Schaden davon hat (indirektes Objekt, Dativus commodi bzw. incommodi und Dativus ethicus). Bei Verbalabstrakta wird der Zweck bezeichnet (finaler Dativ).
Die Kasusendung lautete uridg.
a) im Singular *_-ei̯_ (them. *_-o-ei̯_ > *_-ō̆i̯_)
b) im Plural *_-mos_ (them. *_-o-mos_); nur im Germ. und Baltoslav. fortgesetzt, in anderen Sprachen meist ersetzt durch die Ablativendung *-b^h_os_, im Iir. infolge Kontamination mit dem Instr. Pl. durch *-b^h_i̯os_
c) im Dual *_-moh_$_1$ (them. *_-o-moh_$_1$); iir. ersetzt durch *-b^h_i̯oh_$_1$.

9.2.5. Der **Ablativ** bezeichnet den Ausgangspunkt einer Bewegung oder einer Beurteilung, letzteres z. B. beim Vergleich (Ablativus comparationis).
Die uridg. Ablativendung war
a) im Singular mit der Genetivendung identisch, außer bei den thematischen Stämmen (them. Ausgang *_-o-ad_ > *_-ō̆d_, pronominal auch *_-e-ad_ > *_-ā̆d_ > lit. _-o_); geneuert ist heth. _-az_ = luw. _-ati_ < *_-o-ti_ (?) für Abl. Sg. und Pl.
b) im Plural *-b^h_os_ (them. Ausgang *_-o_-b^h_os_), einzelsprachlich (außer Anatolisch) überall Abl. Pl. = Dat. Pl.
c) im Dual *-b^h_oh_$_1$ (them. Ausgang ?*_-o_-b^h_oh_$_1$), einzelsprachlich überall Abl. Du. = Dat. Du.

9.2.6. Der **Genetiv** (auch: Genitiv) wird als einziger Kasus regulär adnominal verwendet (= abhängig von einem regierenden Nomen, meist einem Substantiv). In der Anwendung auf Personen gibt er an, in wessen Sphäre der übergeordnete Begriff gehört: bei einem Besitzverhältnis ist das der Besitzer (Genetivus possessivus), bei einem Verbalnomen der Agens (Genetivus subjectivus) oder der Patiens (Genetivus objectivus). Bezeichnet wird ferner, auch adverbal, der Teil eines Ganzen (Genetivus partitivus in Vertretung eines beliebigen anderen Kasus).
Als Genetivendung dient
a) im Singular betont *_-és_, unbetont *_-s_ oder *_-os_, letzteres hauptsächlich bei _s_-Stämmen; der them. Ausgang *_-o-s(o/i̯o)_ ist im Anschluss an die them. Pronomina durch eine Partikel **_o_ oder **_i̯o_ erweitert

b) im Plural *-om (them. *-o-om > *-ō̃m), pronominal *-som (them. Ausgang *-oi̯som)
c) im Dual ? *-h_1oHs > avest. -ā̊ (them. ? *-o-h_1oHs, pronominal ? *-oi̯-h_1oHs; av. in beiden Fällen -aiiā̊).

9.2.7. Der **Lokativ** bezeichnet den Ort und den Zeitpunkt, bei Verbalabstrakta die Situation.
Der uridg. Lokativ war
a) im Singular endungslos, teilweise erweitert um die Partikel *-i 'hier', vgl. dazu unten 11.3.1 (them. Ausgang *-o-i, pronominal auch *-e-i).
b) im Plural gekennzeichnet durch die Endung *-su (them. Ausgang *-oi̯su), daneben möglicherweise auch *-si (them. *-oi̯si)
c) im Dual gekennzeichnet durch die Endung *-$h_1$ou̯ (them. Ausgang *-oi̯$h_1$ou̯).

9.2.8. Der **Vokativ** dient zur Anrede.
Im Uridg. war der Vokativ
a) im Singular endungslos (them. Ausgang *-e)
b) im Dual und Plural mit dem Nom. identisch, abgesehen vom Vokativakzent (s. o. 5.4.4 und 5.3.3).

9.2.9. Unter den sicher rekonstruierbaren uridg. Nominalendungen liegen nur das *-és/-s des Gen. Sg. und das *-éh_1/-h_1 des Instr. Sg. in akzentabhängigen Ablautvarianten vor. Die konstant unbetonte Endung *-es des Nom. Pl. m. f. enthält wohl einen anaptyktischen Vokal, der den Zusammenfall von voruridg. **-s-s (wie Akk. Pl. **-m-s) mit dem *-s des Nom. Sg. m. f. verhinderte. Auch sonstige Auffälligkeiten sind auf Deutlichkeitsstreben zurückzuführen, besonders die Beibehaltung der Endungsvokale bei thematischer Flexion, was zu Flexionsausgängen wie Nom. Pl. *-o-es führte.
Der Hiat zwischen Themavokal und Endung wurde wohl noch im Uridg. durch Kontraktion beseitigt, mit dem Ergebnis zirkumflektierter Langvokale und Diphthonge, die durch das Griechische und Baltische bezeugt sind. Die ursprüngliche Zweisilbigkeit der thematischen Ausgänge ist jedenfalls in keiner Sprache bewahrt, auch nicht im Vedischen (gelegentlich zweisilbige Messungen im R̥gveda beruhen auf metrisch begründeter Analogie) und Avestischen (mit der Schreibung av. -āat̰- für Abl. Sg. -āt̰, wenn ein Enklitikon folgt, wird nur eine fallende Intonation auf dem betonten Langvokal bezeichnet).

Lit. zu 9.1-2:

Rix, Hist. Gr. Gr. 114-119.

Beekes, Introd. 172 f., 176 und passim, 113-120, 191 f., 194 f.

Meier-Brügger, Idg. Sprachw. 197-203 (Endungen bzw. Ausgänge) und 265-277 (Verwendung der Kasus, mit Beispielen; M. Fritz).

Fortson, IE Language and Culture 103-107, 113-116.

Szemerényi, Einf. 166-169.

Schmitt-Brandt, Einf. 180-220.

H. C. Melchert, Anatolian Historical Phonology. Amsterdam 1994. S. 182 o. (Akk. Pl. heth. *-us* < **-m̥s*).

Chr. S. Stang, Vergleichende Grammatik der Baltischen Sprachen, Oslo-Bergen-Tromsø 1966, 44 und 181 o. (Abl. Sg. **-o-at*); 185 f. mit Addendum (Dat. Pl. **-mos*, nicht *†-mus*).

J. H. Jasanoff, Gr. *ámphō*, lat. *ambō* et le mot indo-européen pour „l'un et l'autre". Bulletin de la Société Linguistique de Paris 71, 1976, 123-131. (Rekonstruktion des uridg. Etymons **h_2n̥t-b^hó-h_1* 'beide', wohl ein zum Nom./Akk. Dual umgedeuteter Abl. Dual der Bedeutung *'von beiden Fronten her' → *'auf beiden Seiten', vgl. z.B. lat. *ā dextrā* 'von rechts' → 'rechts'; hier verwendet als Grundlage für die Zuordnung der Endung **-b^hoh_1*, in der Konsequenz auch Pl. **-b^hos* zum Ablativ und der verbleibenden Endungsvarianten **-moh_1* **-mos* zum Dativ.)

9.3.0. Die Dimension **Numerus** bestimmt den Referenten in Bezug auf die Anzahl.

9.3.1. Im **Singular** wird ein einzelner Referent, aber auch eine Gruppe oder Gattung bezeichnet (kollektiver Singular, vgl. nhd. *das Vieh*). Formal gekennzeichnete **Kollektiva** wurden im Uridg. teils mit dem Suffix **-h_2/áh_2-*, teils nur mit geändertem Akzent und Ablaut vom jeweiligen Grundwort deriviert. Die *h_2*-Stämme flektierten als singularische Feminina oder pluralische Neutra (vgl. z. B. lat. *ōra* f. 'Küste' ← *'Mündungen' vs. *loca* n. Pl. 'Gegend' ← *'Orte' zu *ōs* bzw. *locus*; s. u. 9.4.3, dazu auch 9.3.2), andere Kollektiva als singularische Neutra.

9.3.2. Der **Plural** bezeichnet eine Anzahl von drei oder mehr.
Bei uridg. Neutra war der Nom./Akk. Plural (möglicherweise wegen Undeutlichkeit einer ehemaligen Endung ***-s*) im Uridg. überall durch den Nom./Akk. Singular des Kollektivs ersetzt. Auf diese Weise erklärt sich der griechische – auch hethitische und altavestische – Konstruktionstyp

(68) *tà zõia trékhei* 'die Tiere (Nom. Pl. zu *zõio-n* n.) laufen' (3. Sg. Ind. Präs., also eigentlich 'das Getier läuft').

9.3.3. Der **Dual** bezeichnet die Zweizahl.
In der Fachliteratur wird oft hervorgehoben, dass für den Gebrauch des Duals die natürliche Paarigkeit von Bedeutung sei. Im Uridg. war dies jedoch nicht der Fall: die altindoiranischen Sprachen unterscheiden nicht zwischen natürlicher Paarigkeit und situationsbedingter Zweizahl, auch werden die Zahlwörter für 'zwei' und 'beide', von denen ersteres überwiegend die situationsbedingte Zweizahl bezeichnet, seit uridg. Zeit gleich flektiert (*$*du̯óh_1$*, auch zweisilbig *$*duóh_1$*, und *$*\text{-}b^hóh_1$* mit einer pronominalen Basis). Natürliche Paarigkeit kann lediglich beim formalen Abbau des Duals in den Einzelsprachen verzögernd wirken, weil Bezeichnungen für paarige Körperteile mit ihren ererbten Flexionsausgängen lexikalisiert sind. Berühmtes Beispiel für lexikalisierte Dualformen:

(69) uridg. *$*h_3ók^w\text{-}ih_1$* n. 'die beiden Augen' > hom. *ósse* 'die beiden Augen' = abg., russ. usw. *oči* 'Augen' (im Russischen Plural, weil die Kategorie Dual aufgegeben, die Form aber bewahrt ist).

9.4.1. Das grammatische oder lexikalische **Genus** kam im Uridg. nur in bestimmten Fällen formal zum Ausdruck:

a) Genus maskulinum und neutrum wurden im Nominativ und Akkusativ durch die Flexionsausgänge unterschieden (Ausnahme: Akk. Sg. m. n. der thematischen Nomina auf **-o-m*; bei den thematischen Pronomina dagegen maskulines **-o-m* im Unterschied zu neutrischem **-o-d*).
b) Das Genus femininum war bei einem Teil der Nomina und Pronomina durch die Stammbildung charakterisiert (Suffixe *$*\text{-}h_2/áh_2\text{-}$* und *$*\text{-}ih_2/i̯áh_2\text{-}$*); hierzu gehörten auch die thematischen Pronomina und Adjektiva mit Fem. auf *$*\text{-}áh_2\text{-}$*.

Im übrigen wirkt sich das Genus erst in der syntaktischen **Kongruenz** aus, indem z.B. lat. *pater* beim Possessivpronomen die Form *meus* oder *tuus* verlangt, *māter* dagegen nur mit *mea* oder *tua* auftritt.

9.4.2. Aus den Besonderheiten der Genusbezeichnung im Uridg. hat man längst Schlüsse auf mehr oder weniger weit zurückliegende voruridg. Verhältnisse gezogen. Es scheint sicher, dass dem uridg. Drei-Genus-System ein älteres Zwei-Genus-System vorausging, dessen beide Genera formal durch die getrennte Bezeichnung von Nominativ und Akkusativ (Endungen im Sg. *-*s* und *-*m*, im Pl. *-*es* und *-*ms*) bzw. durch die Nichtunterscheidung dieser beiden Kasus (im Sg. des Nomens endungslos, beim Pronomen mit *-*d*) gekennzeichnet waren.
In das erstere Genus waren demnach wohl alle Nomina eingeordnet, bei deren Gebrauch zwischen Subjekt und direktem Objekt formal unterschieden werden musste, weil sie sowohl den Agens als auch den Patiens einer Verbalhandlung bezeichnen konnten. Das letztere Genus umfasste Nomina, bei denen sich diese Unterscheidung aus pragmatischen Gründen erübrigte.
Die beiden voruridg. Genera werden traditionell als 'Genus animatum' und 'Genus inanimatum' bezeichnet, was allerdings zu falschen Schlüssen verleitet, da idg. Verbalabstrakta dann mehrheitlich aus dem 'Genus animatum' hervorgegangen sein müssten. Es ist daher besser, von 'Genus distinctum' und 'Genus indistinctum' zu sprechen und eine voruridg. Merkmalopposition *agensfähig* vs. *nicht agensfähig* zugrunde zu legen.

Abstrakta können agensfähig sein (*sein Kummer hat ihn getötet*), sind aber deshalb noch nicht 'belebt'. Hinter den traditionellen Termini stehen Aussagen aus den Anfängen der Sprachtypologie, die anhand neuerer Forschungsergebnisse überprüft werden müssten. Dazu gehört auch die Anschauung, dass Abstrakta grundsätzlich aus Konkreta hervorgegangen seien, also bei Hypothesen über die sprachliche Vor- und Frühgeschichte vernachlässigt werden könnten. Im Uridg. dürften Verbalabstrakta und Verben jedoch ursprungsgleich sein, da unerweiterte Verbalwurzeln sowohl als Nominal- wie auch als Verbalstämme erscheinen (Wurzelnomina bzw. Wurzelpräsentien und -aoriste).

9.4.3. Das uridg. Genus femininum hatte verschiedene Quellen:

a) Neutrische Kollektiva mit dem Suffix *$\text{-}h_2/\acute{a}h_2$- oder *$\text{-}i\text{-}h_2$-/-$\underset{\frown}{i}\text{-}\acute{a}h_2$-, die durch Bedeutungswandel einen Bezug zu einzelnen weiblichen Personen oder Tieren erhalten hatten, etwa '(meine) Familie' → '(meine) Frau' oder 'die Angehörigen des Toten' → 'die Witwe'.

Welche Lexeme aus diesem Bereich am Anfang der Entwicklung standen, bleibt weitgehend unklar; es wurden verschiedene, nicht immer überzeugende Vorschläge gemacht. Der Hergang selbst ist jedoch nicht zu bestreiten, da die uridg. Feminina auf **-ah₂-* und **-ih₂-* Flexionsmerkmale des Neutrums zeigen, nämlich einen endungslosen Nominativ Singular und die Dualendung **-ih₁* (s.o. 9.2.1 a und c).

b) Substantivische Bezeichnungen weiblicher Personen und Tiere, die mittels der Zugehörigkeitssuffixe **-h₂/áh₂-* oder **-ih₂/i̯áh₂-* von einem Grundwort deriviert waren, z. B.

(70) uridg. **déi̯u̯-ih₂*, Gen. **diu̯-i̯áh₂-s* 'Göttin'
> ved. *devī́, devyā́s* f. (Wurzelablaut paradigmatisch ausgeglichen)
~ gr. *dī́a* f. 'Göttin' (vorurgr. **díwi̯a*, mit paradigmatischem Ausgleich in Gegenrichtung)
feminines Oppositum zu **dei̯u̯ó-s* m. 'Gott', s.o. Beispiel (32).

c) Pronomina und Adjektiva, die zur Verdeutlichung des syntaktischen Bezugs auf Bezeichnungen weiblicher Personen und Tiere erweiterte Formen auf **-ah₂-* oder **-ih₂-* erhielten, darunter vor allem die thematischen Pronomina.
Ein drittes Genus bestand erst von der Zeit an, als die Kongruenzverhältnisse in Abhängigkeit vom natürlichen Geschlecht (= Sexus) des Referenten neu geregelt waren, so dass man z. B. bei anaphorischer Wiederaufnahme nicht nur unterschied zwischen

(71) **dei̯u̯ós ..., só ...* 'der Gott ..., er ...' und
**déi̯u̯ih₂ ..., sáh₂ ...* 'die Göttin ..., sie ...' (älter ***déi̯u̯ih₂ ..., só ...*),

was noch als formale Angleichung aufgefasst werden könnte, sondern auch zwischen

(72) **ph₂tḗ(r) ..., só ...* 'der Vater ..., er ...' und
**mah₂tḗ(r) ..., sáh₂ ...* 'die Mutter ..., sie ...'.

Da nicht nur bei den Verwandtschaftsnamen auf **°h₂ter-*, sondern auch in den meisten anderen Suffixklassen Bezeichnungen für männliche und weibliche Personen nebeneinanderstanden, erhielten die entsprechenden Substantiva nun die lexikalischen Merkmale *Maskulinum* oder

Femininum. In der Konsequenz wurden alle nicht-neutrischen Suffixklassen vollständig auf die beiden 'geschlechtigen' Genera aufgeteilt. Die sexuell motivierte Unterscheidung zwischen Maskulina und Feminina geriet auf diese Weise zum Spezialfall innerhalb eines umfassenden grammatischen Phänomens, das sich vor allem in der syntaktischen Kongruenz auswirkt.

Der einzige idg. Sprachzweig, der diese Entwicklung frühzeitig wieder rückgängig gemacht hat, ist das Anatolische; bezeichnenderweise ist dort auch das System der 'geschlechtigen' Pronomina stark umgestaltet.

Lit. zu 9.4:

Rix, Hist. Gr. Gr. 163-166.

Szemerényi, Einf. 164-166.

Beekes, Introd. 174.

Meier-Brügger, Idg. Sprachw. 190 ff. und 279 f. sowie 252 f. (Kongruenz; M. Fritz).

Fortson, IE Language and Culture 102 f.

E. Tichy, Kollektiva, Genus femininum und relative Chronologie im Indogermanischen. Historische Sprachforschung 106, 1993, 1-19.

Zur Selbstkontrolle:

1. Welche Kasus besaß das Uridg., und was war deren Funktion?
2. Was bezeichnete der Plural im uridg. Numerussystem?
3. Weshalb ist anzunehmen, dass das uridg. Drei-Genus-System auf ein älteres Zwei-Genus-System zurückgeht?

10. Lektion
Theoretische Grundlagen IV: Flexionstypen

10.0. Das Uridg. besaß einen freien, phonologisch distinktiven Wortakzent, der aufgrund voruridg. Lautgesetze mit Ablautwirkungen gekoppelt war. Bei ursprünglichem **e* bedeutet dies (vgl. oben 5.4, 4.8, 4.9):

- das akzentuierte Morphem eines Wortes erscheint in der *e*-Stufe
- die nicht akzentuierten Morpheme stehen in der Nullstufe, wenn diese phonotaktisch realisierbar ist und wenn kein analogischer Ausgleich eintritt.

Athematische Paradigmen, die aus dem Uridg. ererbt sind, zeigen zwei (in bestimmten Fällen auch drei) Stammallomorphe: starker (, mittlerer) und schwacher Stamm. Die Akzentstelle, genauer: die Position der akzentuierten *e*-Stufe, liegt im starken Stamm nach Möglichkeit weiter vorn als im schwachen Stamm. Vom starken Stamm werden gebildet (s.o. 7.2):

- beim Nomen Nom., Akk. und Vok. aller Numeri, z.T. auch der Lok. Sg. (sonst vom schwachen oder mittleren Stamm)
- beim Verbum die Singularpersonen des Aktivs.

Die thematische Flexion bleibt in diesem Abschnitt außer Betracht (vgl. jedoch 10.4.2).

10.1. Wie Holger Pedersen zuerst beobachtet hat, folgt der Akzent- und Ablautwechsel in athematischen Paradigmen bestimmten Schemata, je nachdem welche Morpheme (s.o. 6.2) betroffen sind. In Weiterentwicklung seiner Theorie und Terminologie wird zwischen folgenden Akzent- und Ablauttypen, kürzer **Flexionstypen**, unterschieden:

a) **hysterodynamischer Typ**. Die akzentuierte *e*-Stufe wechselt zwischen Suffix und Endung.
Vgl. Beispiel (76) *dh_3-tḗ(r) m. ‘Geber’ < **dh_3-tér-s, Gen. *dh_3-tr-és.

b) **proterodynamischer Typ**. Die akzentuierte *e*-Stufe wechselt zwischen Wurzel und Suffix.
Vgl. Beispiel (70) *déi̯u̯-ih_2 f. ‘Göttin’, Gen. *diu̯-i̯áh_2-s; auf diese Weise flektierten besonders die *ti*-Abstrakta, z. B. *mén-ti-s f. ‘Denken, Gedanke’, Gen. *mn̥-téi̯-s.

c) **akrodynamischer Typ**. Der Akzent liegt durchgehend auf der Wurzel, die im schwachen Stamm in der *e*-Stufe steht. Der starke Stamm ist gegenüber dem schwachen in unterschiedlicher Weise differenziert, entweder durch *o*-Stufe (bei Neutra auch *e*-Dehnstufe) der Wurzel oder durch *o*-Stufe des Suffixes (s.u. 10.4.2).
Vgl. Beispiel (74) **g^{w}ṓu̯-s* m.f. 'Rind' (Stamm **g^{w}óu̯-*), Gen. **g^{w}éu̯-s*; (77) **dóh_3-tō(r)* m. 'Geber' (Stamm **dóh_3-tor-*, **-óh_3-* nach 4.3.1 aus ***-éh_3-*), Gen. **dóh_3-tr̥-s*.

d) **amphidynamischer Typ**. Die akzentuierte *e*-Stufe wechselt zwischen Wurzel und Endung. Im starken Stamm zeigt das Suffix teilweise *o*-Stufe (s. 10.4.2).
Vgl. Beispiel (15) **réh_1-i-s* f. 'Besitz', Gen. **reh_1-i̯-és* (mit Ausgleich des Wurzelablauts); (16) **pént-oh_2-s* m. 'Weg', Gen. **pn̥t-h_2-ás*; (45) **d^hé$\acute{g}^h$-ōm* 'Erde' (Stamm **d^hé$\acute{g}^h$-om-*), Gen. **$d^h$$\acute{g}^h$-m-és*.

Lit.: H. Pedersen, La cinquième déclinaison latine. Kopenhagen 1926. S. 24 f.
Rix, Hist. Gr. Gr. 121-124.
Szemerényi, Einf. 170 f.
Beekes, Introd. 174-188; 193 f.
Meier-Brügger, Idg. Sprachw. 203-220.
Fortson, IE Language and Culture 107-110.

10.2. Die angegebene Terminologie bezieht sich in erster Linie auf dreigliedrige nominale Wortformen, die aus einer Verbalwurzel oder Nominalbasis, einem Suffix und einer Endung bestehen (sofern der betreffende Kasus nicht endungslos ist). Bei suffixlosen Wortformen, d.h. bei Wurzelnomina und sog. Elementarwörtern, besteht nur ein Unterschied zwischen akrodynamischen Bildungen (entsprechend Typ c) und amphidynamischen Bildungen (entsprechend Typ d).

Zur Beschreibung viergliedriger Wortformen, die zwei Suffixe enthalten, muss ein fünfter Flexionstyp angesetzt werden:

e) **mesodynamischer Typ**. Die akzentuierte *e*-Stufe wechselt zwischen erstem und zweitem Suffix.

(73) Femininum des deradikalen Komparativs uridg. *W-i̯és-ih$_2$, Gen. *W-is-i̯áh$_2$-s (W = Verbalwurzel)
Im Iir. ist der Ablaut des Komparationssuffixes *-i̯és/is- zugunsten des starken Stammes ausgeglichen, die Wurzel ist hochstufig und (im Ved.) akzentuiert; vgl. z. B.
Nom. Sg. f. ved. *vásyasī* = aav. *vahehī** 'die bessere' < uriir. *u̯as-i̯as-ī
Instr. Sg. aav. *vahehiiā* < uriir. *u̯as-i̯as-i̯ā.
Auf dem schwachen Stamm *W-is-i̯áh$_2$- und analogisch hinzugebildetem *W-is-i̯ó- beruht hingegen die Flexion des slavischen Komparativs (abg. *bol'ьi*, Gen. *bol'ьša* 'größer'), abgesehen von zwei *š*-losen Reliktformen im Nom. Sg. m. und n.

Nach dem mesodynamischen Typ flektierten auch feminine *nt*-Partizipien; den Ablautregeln entsprechen z. B. die Ansätze **h$_1$s-ént-ih$_2$ 'seiend', Gen. *h$_1$s-n̥t-i̯áh$_2$-s oder **b^{h}r̥ǵ^h-ént-ih$_2$ 'die hohe', Gen. *b^{h}r̥ǵ^h-n̥t-i̯áh$_2$-s. Die vergleichende Rekonstruktion führt in diesen Fällen allerdings auf einen Nom. Sg. uridg. *h$_1$s-n̥t-íh$_2$ bzw. *b^{h}r̥ǵ^h-n̥t-íh$_2$ (ved. *satī́*, *br̥hatī́* usw.), so dass die akzentuierte *e*-Stufe des ersten Suffixes hier nur noch theoretisch erschlossen werden kann.

Der Terminus **mesodynamisch** wurde bereits mit anderer Definition verwendet, s. Rix, Hist. Gr. Gr. 123 (Akzent konstant auf dem Suffix einer dreigliedrigen Wortform); danach Meier-Brügger, Idg. Sprachw. 216 f. und 220 („mesostatisch").

10.3. Bereits grundsprachliche **Ausgleichserscheinungen** im Wurzelablaut (*réh$_1$-i-s, Gen. *reh$_1$-i̯-és statt **r̥h$_1$-i̯-és), aber auch im Suffixablaut und im Akzent (*h$_1$s-n̥t-íh$_2$ statt **h$_1$s-ént-ih$_2$ neben dem schwachen Stamm *h$_1$s-n̥t-i̯áh$_2$-) bringen es mit sich, dass der Ansatz theoriegerechter Flexionsparadigmen häufig erst für das Voruridg. möglich ist. Die theoretische Erwartung bezieht sich notwendigerweise auf eine Sprachepoche, in der das Lautgesetz **è > Ø (Schwundablaut) entweder noch wirkte oder in seinen Resultaten noch allein strukturbestimmend war. Dieser Umstand erschwert die vergleichende Rekonstruktion urindogermanischer Paradigmen in ungewöhnlichem Maße.
Mit vollem Paradigma rekonstruierbar sind jedoch zwei Wurzelnomina, die **flexivische Archaismen** zeigen:

(74)		a) amphidynamisch	b) akrodynamisch
		‘Himmel; Tag’	‘Rind’
Sg.	Nom.	**di̯ḗu̯-s* m. f.	*g^{w}ṓu̯-s* m. f.
	Akk.	**di̯ḗm* < ***di̯éu̯-m*	*g^{w}ṓm* < ***g^{w}óu̯-m*
	Instr.	**diu̯-éh$_1$*	*g^{w}éu̯-eh$_1$* ← ***g^{w}éu̯-h$_1$*
	Dat.	**diu̯-éi̯*	*g^{w}éu̯-ei̯*
	Gen./Abl.	**diu̯-és*	*g^{w}éu̯-s*
	Lok.	**di̯éu̯-i*	*g^{w}éu̯-i*
	Vok.	**di̯éu̯*	*g^{w}óu̯*
Pl.	Nom./Vok	**di̯éu̯-es*	*g^{w}óu̯-es*
	Akk.	**di̯ḗs* < ***di̯éu̯-ms*	*g^{w}ṓs* < ***g^{w}óu̯-ms*
	Instr.	**di̯u-b^{h}ís*	*g^{w}éu̯-b^{h}is*
	Dat.	**di̯u-mós*	*g^{w}éu̯-mos*
	Abl.	**di̯u-b^{h}ós*	*g^{w}éu̯-b^{h}os*
	Gen.	**diu̯-óm*	*g^{w}éu̯-om*
	Lok.	**di̯u-sú*	*g^{w}éu̯-su*

Im Vedischen sind erhalten, z.T. neben einzelsprachlich neugebildeten Formen:

Sg. a) Nom. *dyáuṣ*, Akk. *dyā́m*, Instr. *divā́*, Dat. *divé*, Gen./Abl. *divás*, Lok. *dyávi*

b) Nom. *gáuṣ*, Akk. *gā́m*, Instr. *gávā*, Dat. *gáve*, Gen./Abl. *góṣ*, Lok. *gávi*

Pl. a) Instr. *dyúbhiṣ* (Akzent geneuert), Gen. *divā́m* (Endung analogisch)

b) Nom./Vok. *gā́vas*, Akk. *gā́s*, Instr. *góbhiṣ*, Dat./Abl. *góbhyas*, Gen. *gávām* (Endung analogisch), Lok. *góṣu*

Die irreguläre Form des Akk. Sg. wird bestätigt durch (a) gr. *Zḗna* (hom. meist *Zḗn'*, auch am Versende) und lat. *diem*, bzw. (b) aav. jav. *gąm*, hom. *bṓn* ‘den Schild’ (aus Rindshaut), in dor. Inschriften *BON* (mit dem analogischen Nom. Sg. *BOS*), umbr. *bum*, ahd. *chuo*, nhd. *Kuh*. Der irreguläre Akk. Pl. liegt auch vor in (a) lat. *diēs*, (b) aav. *gå̄* < **gāh*.
Wichtig ist der Ablautunterschied zwischen Instr. Pl. **di̯u-b^{h}ís* (ved. *dyúbhiṣ*) und **g^{w}éu̯-b^{h}is* (ved. *góbhiṣ*), da in den schwachen Pluralkasus sonst **interparadigmatischer Ausgleich** (= analogischer Ausgleich zwi-

schen verschiedenen Paradigmen) eingetreten ist. Der Instr. Pl. der suffixalen *u*-Stämme ging z. B. immer auf **-u-bhis* aus, unabhängig von Flexionstyp und Akzent.

Dass beim Wort für 'Rind' dem starken Stamm **gʷóu̯-* der schwache Stamm **gʷéu̯-* gegenüberstand, ist an dem Wechsel von ved. *gā́v-* und *gáv-* zu erkennen (Brugmanns Gesetz: ein **o* vor einfachem Konsonanten wird im Iir. durch *ā* fortgesetzt). Die Nullstufe ***gʷu-* > uridg. **gu-* liegt nur in Komposita vor, z. B. ved. *saptá-gu-m* 'den sieben Kühe besitzenden' oder ap. *θata-gu-š* 'Sattagydien' ← *wo es Hunderte von Kühen gibt'.

Bei lautgesetzlicher Entwicklung hätte uridg. **gʷéu̯-* allerdings uriir. *†ǵáu̯-* und weiter ved. *†jáv-*, av. *†jauu-* [dʑaw-] ergeben müssen, vgl. Beispiel (36); die Anlautsalternation **g/ǵ-* war hier anscheinend schon im Urindoiranischen durch paradigmatischen Ausgleich beseitigt.

10.4.0. Abgesehen von Einzelproblemen der formalen Rekonstruktion bleiben im Bereich der Flexionstypen vor allem zwei Fragen zu klären.

10.4.1. Da die Akzentstelle und damit auch der Flexionstyp im Uridg. bedeutungsunterscheidend wirkt, sollte es möglich sein, die **Funktion** der einzelnen Flexionstypen zu ermitteln. Erst wenn dies gelingt, ist der Ansatz verschiedener Flexionstypen beim gleichen Suffix theoretisch und praktisch voll gerechtfertigt.

Auf diesem Gebiet besteht noch erheblicher Forschungsbedarf. Bis jetzt wurden im wesentlichen folgende Ergebnisse erzielt:

- Von einem Grundwort kann allein durch einen Wechsel des Flexionstyps eine Ableitung gebildet werden (sog. **interne Derivation**). Als Beispiel vgl.

(75) Kollektiv 'Vieh', flektiert als proterodynamisches (?) Neutrum:
Nom./Akk. uridg. **pék̑-u*
> ved. *páśu* = lat. *pecu* = got. *faíhu* (in erweiterter Bedeutung: 'Besitz') = ahd. *fihu*, nhd. *Vieh* = ae. *feoh*, ne. *fee* = apr. *pecku*, lit. *pẽkus* (im Zwei-Genus-System als Maskulinum fortgesetzt)

Gen. wahrscheinlich uridg. **pḱ-éu̯-s*, Dat. **pḱ-éu̯-ei̯*
→ aav. Gen. *pasəuš*, ved. Dat. *paśáve* (Einzelbeleg) als Variante zu häufigerem *páśve*.
Ved. *páśve* stand in Akzentopposition zu maskulinem *paśvé** (wie Gen. *paśvás*, s. u.), kann also im Suffixablaut an dieses angeglichen sein. Die Alternative besteht darin, ein akrodynamisches Paradigma zugrunde zu legen. In diesem Fall wäre umgekehrt *páśve* ererbt, *pasəuš* und *paśáve* erklärten sich als parallele Neubildungen nach dem Normalparadigma der *u*-Stämme.

Singulativ 'Stück Vieh', flektiert als hysterodynamisches Maskulinum:
Nom. Sg. ***pḱ-ḗu̯-s* → uridg. **peḱ-ú-s* (analogisch umgestaltet), Gen. **peḱ-u̯-és*, mit Nom. Pl. **peḱ-éu̯-es*, Gen. **peḱ-u̯-óm*
\> ved. *paśúṣ*, *paśvás*, Pl. *paśávas*, (*paśūnā́m*)
= jav. *pasuš** (unbelegt; wie Akk. *pasum*), *pasuuō*, Pl. *pasauuō**, *pasuuąm*
~ lat. *pecus*, *pecudis* (mit geneuerter Flexion und Genus femininum)

- Die Funktion der Ableitung hängt von dem gewählten Flexionstyp ab.
- Amphidynamische und hysterodynamische Bildungen können situative Funktion (= einen semantisch bedingten Situationsbezug) besitzen. Hierher gehören z. B. Nomina agentis wie

(76) uridg. **dh_3-tḗ(r)* m., Gen. **dh_3-tr-és* 'Geber', genauer 'der in der Bezugssituation der Aussage etwas gibt, gegeben hat oder vorhat zu geben', auch 'der in einer bestimmten wiederkehrenden Situation als Geber fungiert'
\> gr. *dotḗr*, *dotḗros* (Suffixablaut ausgeglichen)
~ ved. *dātā́*, *dātúr* (Akzentstelle in Opposition zu *dā́tā*, *dā́tur** [s. u.] bewahrt, redundante Ablautoppositionen aufgegeben)
~ jav. *dāta*, *dāθrō* (Genetivausgang bewahrt: av. *-θrō* < **-θráh* < uriir. **-trás*)

- Akrodynamische Bildungen haben entweder resultative oder generelle Funktion; in letzterem Fall bezeichnen sie gewöhnlich eine bleibende Eigenschaft. Vgl. z. B.

(77) uridg. **dóh₃-tō(r)* m., Gen. **dóh₃-tr̥-s* 'Geber', genauer 'der die Eigenschaft hat zu geben, der gewohnheitsmäßig gibt'
> gr. *dṓtōr*, *dṓtoros* (Suffixablaut teilweise ausgeglichen)
~ ved. *dā́tā*, *dā́tur** (mit belegtem Gen. z. B. *hótā*, *hótur* 'Hauptpriester'; ved. *-tur* < uriir. **-tr̥š*)
~ jav. *dāta*, *dātarš** (wie z. B. *zaota*, *zaotarš* 'Hauptpriester'; jav. *-tarš* < **-tərš* < uriir. **-tr̥š*)

Lit.: Fortson, IE Language and Culture 110 (Jochem Schindlers Regeln zur internen Derivation, die er selbst nur mündlich weitergegeben hat).
J. Schindler, L'apophonie des noms-racines indo-européens. Bulletin de la Société de Linguistique de Paris 67, 1972, 31-38.
E. Tichy, Die Nomina agentis auf *-tar-* im Vedischen. Heidelberg 1995. S. 17-20, 375-381.

10.4.2. Erklärungsbedürftig ist zweitens die betonte ***o*-Stufe** der Wurzel in akrodynamischen Wurzelnomina wie **g^wóu̯-/g^wéu̯-* 'Rind' und auch die unbetonte *o*-Stufe des Suffixes in akrodynamischen Bildungen wie ***dóh₃-tor-/**déh₃-tr̥-* und amphidynamischen Bildungen wie **pént-oh₂-/pn̥t-h₂-*. In beiden Fällen zeigt der schwache Stamm den regulären Ablaut (betonte *e*-Stufe bzw. Nullstufe), die *o*-Stufe des starken Stammes diente offenbar zur formalen Differenzierung. Vermutlich haben in beiden Fällen thematische Pronomina und Nomina als Vorbilder gewirkt, die also spätestens an dieser Stelle in die Betrachtung einbezogen werden müssten (vgl. oben 7.1).

Zur Selbstkontrolle:
1. Welche uridg. Flexionstypen werden unterschieden
   a) bei dreigliedrigen Wortformen,
   b) bei zweigliedrigen Wortformen?
2. Weshalb ist die Rekonstruktion des uridg. Flexionsparadigmas im Einzelfall oft sehr schwierig?
3. Was versteht man unter 'interner Derivation'?

11. Lektion
Verbalflexion: Person, Numerus, Diathese

11.0. Die grammatischen Dimensionen des uridg. Verbums sind

- **Person** mit 3 grammatischen Kategorien: 1., 2. und 3. Person
- **Numerus** mit 3 uridg. Kategorien: Singular, Dual, Plural
- **Diathese** mit 2 oder 3 uridg. Kategorien: Aktiv, Medium (= Mediopassiv) und Stativ (?); die dritte Kategorie Stativ ist zumindest für das Voruridg. anzusetzen
- **Modus** mit 5 uridg. Kategorien: Realis (sprecherbezogener Ausdruck der Wirklichkeit durch den Indikativ, den Injunktiv, das Imperfekt oder das Plusquamperfekt), Imperativ, Prohibitiv (ausgedrückt durch die Prohibitivnegation plus Injunktiv), Potentialis (Optativ), Expektativ (Konjunktiv), s. 13. Lektion
- **Tempus** mit 3 uridg. Kategorien: Zeitstufenlosigkeit (Injunktiv), Gegenwart (Indikativ Präsens, Indikativ Perfekt), Vergangenheit (= Präteritum: Imperfekt, Indikativ Aorist, Plusquamperfekt)
- **Aspekt** mit 2 uridg. Kategorien: imperfektiv (Präsens und Perfekt), perfektiv (Aorist)
- **Aktionsart** mit mindestens 6 uridg. Kategorien: Grundaktionsart = Verbalcharakter, abhängig von der lexikalischen Bedeutung der Verbalwurzel (im primären Präsens bzw. Wurzelaorist), dazu eine Reihe zwei- oder mehrphasiger Aktionsarten: resultativ-statisch (Perfekt), voluntativ, desiderativ, präparativ, iterativ und kausativ. Zum Ausdruck der vier letzteren dienen suffixale Präsensstämme, hauptsächlich die sog. sekundären Präsentien, die danach benannt sind (Desiderativ, Kausativ usw., s.u. 15.3).

Bei den Dimensionen Modus, Tempus, Aspekt und Aktionsart treten terminologische Schwierigkeiten auf, weil einerseits eine grammatische Kategorie durch mehrere paradigmatische Kategorien ausgedrückt sein kann (z. B. Präteritum durch Imperfekt, Indikativ Aorist und Plusquamperfekt), andererseits die Termini für paradigmatische Kategorien nicht alle grammatischen Dimensionen berücksichtigen (z.B. bei Indikativ Präsens und Indikativ Aorist nur Modus und Aspekt, nicht auch Tempus). Terminologische Besonderheiten kommen hinzu:
Präsens = imperfektive **Aspekt**-Kategorie (!), die neben dem Gegenwartstempus auch das Imperfekt, die Präsensmodi und das Partizip Präsens umfasst.

Perfekt = **im**-perfektive (!) Aspektkategorie, die sich syntaktisch wie ein Präsens verhält, aber eine charakteristische Zwei-Phasen-Aktionsart besitzt: Bezeichnung des resultierenden Zustands (explizit) mitsamt der Handlung, aus der er resultiert (implizit). In der Regel ist eine abgeschlossene Handlung impliziert, das imperfektive altidg. Perfekt dann also doch inhärent perfektiv.
Imperfekt = Indikativ Präteritum im imperfektiven Aspekt mit der Aktionsart des Präsens.
Plusquamperfekt = Indikativ Präteritum im imperfektiven Aspekt mit der Aktionsart des Perfekts (nicht = Tempus der Vorvergangenheit!).
Der **Injunktiv** wird in der Fachliteratur üblicherweise nicht als Tempuskategorie, sondern als Moduskategorie eingeordnet.

Tabellarische Übersicht: Paradigmatische Kategorien des uridg. Verbums in den grammatischen Dimensionen Modus, Tempus, Aspekt, Aktionsart

	Modus	Tempus			
Aktions-art			Grundaktionsart		resultierender Zustand
Aspekt			imperfektiv	perfektiv	imperfektiv
	Realis	Gegenwart	Ind. Präs.	-	Ind. Perf.
		Präteritum	Ipf.	Ind. Aor.	Plq.
		Zeitstufen-losigkeit	Inj. Präs.	Inj. Aor.	Inj. Perf.
	Prohibitiv	-	*méh*$_1$ + Inj. Präs.	*méh*$_1$ + Inj. Aor.	*méh*$_1$ + Inj. Perf.
	Imperativ	-	Ipt. Präs.	Ipt. Aor.	Ipt. Perf.
	Potentialis	-	Opt. Präs.	Opt. Aor.	Opt. Perf.
	Expektativ	Gegenwart/ Zeitstufenl.	Konj. Präs.	Konj. Aor.	Konj. Perf.

Lit.: Beekes, Introd. 225 f.
Szemerényi, Einf. 244 ff.
Rix, Hist. Gr. Gr. 190-193.
Meiser, HLFL 38 f.
Meier-Brügger, Idg. Sprachw. 254 (M. Fritz).
Fortson, Language and Culture 81, 83, 91-96.

11.1. Einer finiten Verbalform (= Personalform) des Uridg. und der altidg. Sprachen inhäriert bereits das zugehörige Subjekt. Die Referenzmerkmale dieses Subjekts bezüglich **Person** und **Numerus** sind durch die **Verbalendung** (= Personalendung) bezeichnet:

- 1. Person: Sprecher, bzw. eine Gruppe einschließlich des Sprechers
- 2. Person: angesprochene Person(en), bzw. eine Gruppe einschließlich dieser
- 3. besprochene Person oder Sache.
- Singular: ein Referent
- Dual: zwei Referenten
- Plural: drei oder mehr.

Ob im Satz noch ein referenzgleiches Nomen oder Pronomen hinzugefügt wird, ist eine Frage der Deutlichkeit oder des Nachdrucks.

(78) Plautus, Mercator 562 f. (Lysimachus kommt aus dem Haus der Pasikompsa, an die er noch einen letzten Satz richtet; Demipho steht davor)
Ly. *adducam* ***ego*** *illum iam ad te, si convenero.*
De. *me dicit.* Ly. *quid ais,* ***Demipho****?* De. *est* ***mulier*** *domi?*
Ly. '**Ich** bringe ihn gleich zu dir, wenn ich ihn treffe.'
De. 'Er meint mich!' Ly. 'Was sagst du, **Demipho**?' De. 'Ist **die Dame** zu Hause?'

11.2.1. Außer den grammatischen Dimensionen Person und Numerus bezeichnen uridg. oder altidg. Verbalendungen auch noch die Dimension **Diathese** (veralteter Terminus: Genus verbi). Für die Flexionsformen des Präsens- und des Aoriststamms, die einem einheitlichen Bildeschema folgen – daher spricht man zusammenfassend vom Präsens/Aorist-System – gelten zwei Endungssätze mit durchgehender formaler Differenzierung, die **Aktivendungen** und die **Medialendungen**.
Die Diathese bezeichnet mit den grammatischen Kategorien Aktiv und Medium (genauer Mediopassiv) den Ablauf der Verbalhandlung im Hinblick auf den Handlungsträger, die sog. **Verhaltensart**. Hierbei ist zu unterscheiden zwischen der **Grunddiathese**, die zu den lexikalischen Eigenschaften des Verbums zählt, und der **grammatischen Diathese**,

die die lexikalische (an die Grunddiathese gekoppelte) Verhaltensart in eine andere überführt und auf diese Weise die Bedeutung modifiziert.

11.2.2. Ein Verbum mit der **Grunddiathese** Aktiv oder Medium bezeichnet eine der drei Verhaltensarten
- Tätigkeit (**agentive** Funktion)
- Zustandsänderung (= Vorgang; **fientive** Funktion)
- Zustand (**statische** Funktion).

Die jeweilige Grunddiathese ist dabei nicht aus der Verhaltensart ableitbar; beide Eigenschaften sind unabhängig voneinander lexikalisiert. Es besteht jedoch eine Affinität zwischen aktiver Grunddiathese und Tätigkeit (agentives Aktiv) bzw. medialer Grunddiathese und Zustandsänderung (fientives Medium). Verben mit medialer Grunddiathese bezeichnet man traditionell als **Media tantum**. Zum Ausdruck der statischen Funktion s. Lektion 12 (Perfekt und Stativ).

11.2.3. Von der Grunddiathese Aktiv und einer geeigneten Semantik ausgehend, bewirkt die grammatische Diathese Medium bei **Oppositionsmedia** folgende Funktionsverschiebungen:

Tätigkeit im Interesse einer anderen Person (**agentives Aktiv**) → Tätigkeit im eigenen Interesse des Handlungsträgers (**indirekt-reflexives Medium**)

(79) ved. Akt. *yájati* 'er opfert (für einen anderen)', vom Priester → Med. *yájate* 'er opfert (**für sich**)', vom Opferveranstalter.

Tätigkeit mit Wirkung auf ein Objekt außerhalb der Sphäre des Handlungsträgers (**agentives Aktiv**) →
a) Tätigkeit mit Wirkung auf den Handlungsträger selbst (**direkt-reflexives Medium**)

(80) gr. Akt. *loúei* 'sie wäscht jdn. o. etw.' → Med. *loúetai* 'sie wäscht **sich**, badet'

b) Tätigkeit mit Wirkung auf ein Objekt in der Sphäre des Handlungsträgers (**indirekt-reflexives Medium**)

(81) Odyssee 3,475 f. *paĩdes emoí, áge, Tēlemákhōi kallítrikhas híppous / zeúksate* (Akt.) 'meine Kinder, auf, spannt für Telemachos die schönmähnigen Pferde an' → ib. 492 *híppous t' ezeúgnunto* (Med.) 'und sie (Telemachos und sein Begleiter auf der Weiterfahrt) spannten **ihre** Pferde an'

c) Tätigkeit zweier oder mehrerer Handlungsträger mit gegenseitiger Wirkung (**reziprokes Medium**)

(82) Ṛgveda I 129,2 *túbhyaṃ tád ... vocam* (Akt.) 'dir sage ich das' → I 25,17 *sáṃ nú vocāvahai* (Med.) *púnar* 'lass uns beide jetzt wieder **miteinander** sprechen', vgl. auch Beispiel (101).

d) Tätigkeit mit Wirkung auf den Handlungsträger, die von einem anderen Agens ausgeführt wird (**patientives Medium**, funktional einem Passiv gleichwertig)

(83) Ṛgveda VII 100,5 *táṃ tvā gṛṇāmi* (Akt.) 'als diesen besinge ich dich' → I 79,12 *hótā gṛṇīte* 'als der Hauptpriester wird er besungen'

11.2.4. Von der Grunddiathese Medium ausgehend, kann die grammatische Diathese Aktiv folgende Funktionsverschiebung bewirken:

Zustandsänderung (**fientives Medium**) →
Herbeiführung einer Zustandsänderung (**faktitives Aktiv**)

(84) Ṛgveda VI 24,8 *ná ... námate* (Med.) 'er beugt sich nicht' → I 129,5 *ní ṣū́ nama* (Akt.) *-átimatim káyasya cit* 'beuge nur die Überheblichkeit eines jeden nieder'

Lit.: Szemerényi, Einf. 269-275.
Meier-Brügger, Idg. Sprachw. 263 f. (M. Fritz).
Fortson, IE Language and Culture 82 f.
I. Mel'čuk, The inflectional category of voice: towards a more rigorous definition. In: B. Comrie and M. Polinsky (eds.), Causatives and Transitivity. Amsterdam/Philadelphia 1993. S. 1-46, bes. 9-12 (Grunddiathese und grammatische Diathese).
R. Kühner, B. Gerth, Ausführliche Grammatik der griechischen Sprache II,1. 3. Auflage. Hannover/Leipzig 1898. S. 100-129 (Verwendung des Mediums).

11.3.0. Die Rekonstruktion der uridg. Endungssätze des Präsens/Aorist-Systems muss davon ausgehen, dass Aktiv- und Medialendungen jeweils in zweifacher Ausprägung vorlagen:

- unerweitert als sog. **Sekundärendungen** zur Bezeichnung von Person, Numerus und Diathese
- erweitert als sog. **Primärendungen** zur Bezeichnung von Person, Numerus, Diathese und Zeitstufe Gegenwart. In diesem Fall ist also die Dimension Tempus mit einbezogen.

11.3.1. Aktivendungen

		sekundär	primär
Sg.	1.	*-m/-m̥*	*-mi* (them. Ausgang *-o-h_2)
	2.	*-s*	*-si*
	3.	*-t*	*-ti*
Du.	1.	*-u̯e/-u̯ē*	*-u̯es*
	2.	*-tah_2	*-t$h_2$os
	3.	*-tah_2m̥	*-tos/-tes*
Pl.	1.	*-mo/-me/-mē*	*-mos/-mes*
	2.	*-te(ne)/-tē*	*-tes*
	3.	*-ént/-nt/-n̥t*	*-énti/-nti/-n̥ti*

Angegeben sind Endungen und Endungsallomorphe, die als Vorläufer der einzelsprachlich belegten Formen rekonstruiert werden müssen.
Wenn die Primärendung der 2. Plural, wie angegeben, *-*tes* lautete (> lat. *-*tis*, auch im Altirischen und Armenischen fortgesetzt), war sie nicht klar von der 3. Dual unterschieden. So wird verständlich, weshalb in den meisten Einzelsprachen die Sekundärendung *-*te* verallgemeinert ist und das Iir. neu differenziert hat (ved. 2. Pl. *-tha* : *-ta* nach dem Muster der 2. Du. *-thas* : *-tam*).
Akzentabhängigen Ablaut *é* ~ Ø zeigt allein die Endung der 3. Plural. In der 1. Plural und in der Primärendung der 3. Dual kann ein akzentabhängiger Ablautwechsel *ó ~ *e* reflektiert sein, vgl. oben 7.1.2 (zu vergleichen sind auch die *o*-vokalischen Endungen des nominalen Duals und Plurals, s. o. 9.2.4-6). Auslautendes *-*e* in den Sekundärendungen der 1. Dual sowie der 1. und 2. Plural wurde wohl unter dem Akzent (auch bei nachträglicher Akzentuierung) zu *-*ḗ* gelängt.

Dem zusätzlichen funktionalen Merkmal ‘Gegenwartsbezeichnung’ entspricht bei den Primärendungen ein formaler Zusatz *-*i* (in den Singularpersonen und in der 3. Pl.) oder *-*s* (im Dual und in den übrigen Pluralpersonen) am Ende der Wortform. Im ersten Fall handelt es sich um die deiktische Partikel **-i* 'hier, jetzt', die fakultativ auch im Lokativ Singular antritt (s. o. 9.2.7).

Da dieses **-i* im Aktiv nur nach Konsonant erscheint, könnte es in den betreffenden Personen ein älteres, phonotaktisch ungünstiges **-s* oder dessen Vorläufer ersetzt haben.

Lit.: Rix, Hist. Gr. Gr. 239-246, 249-253.
Szemerényi, Einf. 247-252.
Beekes, Introd. 232 ff., 243.
Meier-Brügger, Idg. Sprachw. 179 f.
Fortson, IE Language and Culture 84 f.

11.3.2. Medialendungen (vgl. auch 12.4)

		sekundär	primär
Sg.	1.	*-h_2a	*-h_2ai̯
	2.	*-so	*-soi̯
	3.	*-to	*-toi̯
Du.	1.	*-u̯ed^{h}ə$_2$	*-u̯ezd^{h}ə$_2$
	2.	?*-th_2oh_1	?*-t$h_2$oi̯h_1
	3.	?*-toh_1	?*-toi̯h_1
Pl.	1.	*-med^{h}ə$_2$	*-mezd^{h}ə$_2$
	2.	*-d^{h}u̯e	*-zd^{h}u̯e
	3.	*-énto/-nto/-n̥to	*-éntoi̯/-ntoi̯/-n̥toi̯

Die medialen *r*-Endungen zahlreicher Einzelsprachen (3. Sg. **-tor*, 3. Pl. **-ntor* usw.) sind hier nicht berücksichtigt, da sie parallele Umbildungen der angeführten Endungen darstellen können. Mit Sicherheit ererbt sind nur die *r*-Endungen der 3. Pl. Perfekt und Stativ, vgl. 12.3-4. Bei Bedarf konnten solche Relikte als Ausgangspunkte einer formalen Neucharakterisierung dienen, deren Ablauf im einzelnen zu untersuchen wäre.
Eine vergleichende Rekonstruktion der 2. und 3. Du. Med. ist aufgrund der Beleglage praktisch unmöglich. Obige Ansätze beruhen auf dem Indoiranischen, das Griechische spricht nicht dagegen (der mediale Dual ist dort auf der Grundlage des Aktivs neu charakterisiert). Sollten die Endungen so oder ähnlich gelautet haben, waren sie innerhalb des Uridg. sicher nicht alt, sondern durchsichtige Neubildungen mit dem nominalen Dualzeichen *-h_1 auf der Basis der 3. Sg. Med. **-to* bzw. **-toi̯*, mit analogischer Charakterisierung der 2. Du. nach dem Muster der aktiven Primärendungen *-t$h_2$os : **-tos*. Die bezeugten vedischen Sekundärendungen

lauten mit ungeklärten, schon uriir. Erweiterungen *-āthām*, *-ātām* (them. Ausgänge *-ethām*, *-etām*), die Primärendungen *-āthe*, *-āte* (them. Ausgänge *-ethe*, *-ete*).

Lit.: Rix, Hist. Gr. Gr. 240 f., 246-249, 253 ff.
Szemerényi, Einf. 253-257.
Beekes, Introd. 239-242, 243 f.
Meier-Brügger, Idg. Sprachw. 180 f.
Fortson, IE Language and Culture 85 ff.

Beim Vergleich mit den Aktivendungen wird deutlich, dass die Medialendungen formale Zusätze aufweisen. Ähnlich wie bei den Primärendungen ist auch hier eine ältere voruridg. Bildeweise mit d^h-haltigen Formantien (Zusatz *-$d^h ə_2$ in der 1. Dual und Plural, Endung *-d^h*u̯e* der 2. Plural) von einer jüngeren Bildeweise mit dem Formans *-*o* überlagert worden. Die Bildung der Primärendungen mit *-*s* ging der Erweiterung mit d^h-Formans offenbar voraus, während der Antritt der Partikel *-*i* später ist als die Erweiterung mit medialem *-*o*.

Die morphologisch durchsichtigen Medialendungen *-*s-o*, *-*t-o*, *-*nt-o* lassen sich auf – mindestens – zweierlei Weise erklären. In der 2. Singular könnte eine Reflexivpartikel ***só* angetreten sein, die als betonte Variante zu vergleichend rekonstruierbarem **se* 'mich, dich, sich' (Akk., s. 5.1.7) einzuordnen wäre; die Geminata **ss* wäre lautgesetzlich vereinfacht. In der 3. Sg. *-*to* könnte die Aktivendung *-*t* mit der Stativendung *-*ó* (neben *-*e*, s. u. 12.4) kontaminiert sein. Beide Erklärungen schließen einander nicht aus. Die Endung *-*nto* der 3. Plural ist in jedem Fall als Analogiebildung erklärbar.

Lit.: H. Rix, The Proto-Indo-European Middle: Content, Forms and Origin. Münchener Studien zur Sprachwissenschaft 49, 1988, 101-119 (Antritt eines voruridg. Pronomens ***o*).

Zur Selbstkontrolle:

1. Welche grammatischen Dimensionen und welche Referenzmerkmale bezeichnet in altidg. Sprachen die Verbalendung?
2. Welche Funktionen haben altidg. Oppositionsmedia? Was bezeichnet die grammatische Diathese Aktiv bei einem Verb mit medialer Grunddiathese?
3. Worin besteht der formale und der funktionale Unterschied zwischen Primär- und Sekundärendungen?

12. Lektion
Verbalflexion: Perfekt und Stativ

12.1. Das altidg. Perfekt (= idg. Perfekt alten Typs) nimmt gegenüber dem Präsens/Aorist-System eine formale und funktionale Sonderstellung ein. Es handelt sich um eine – in der Regel – reduplizierte Bildung mit einem eigenen Endungssatz, der ursprünglich nicht der Diathesenopposition Aktiv : Medium unterliegt. Ein altidg. Perfekt ist öfters einem medialen Präsens zugeordnet:

(85) R̥gveda I 48,8 (an die Morgenröte) *víśvam asyā nānāma* (Pf.) *cákṣase jágat* 'alles, was lebt, beugt sich ihrem Blick' (genauer: 'hat sich immer schon gebeugt und beugt sich weiterhin'); vgl. dazu Präs. Med. *námate* 'beugt sich', oben Beispiel (84).

Im Altgriechischen ist dieses Verhältnis regelhaft ausgebaut, vgl. z.B.

(86) gr. Pf. *ap-ólōla* 'ich bin verloren' zum medialen Präsens *ap-óllumai* (Aor. *ap-ōlómēn*) 'ich gehe zugrunde'; das zugehörige Aktiv *ap-óllūmi* (Aor. *ap-ṓlesa*) bedeutet 'ich richte zugrunde, verliere jdn. o. etw.'

Perfekta altindogermanischen Typs bezeichnen einen **Zustand des Handlungsträgers**, der aus einer Handlung (meist Zustandsänderung) desselben Handlungsträgers in der Vergangenheit resultiert. Die **implizierte Handlung in der Vergangenheit** kann in dem bezeichneten Zustand weiter andauern, vgl. etwa oben Beispiel (85). Im Normalfall resultiert der Zustand allerdings aus einer abgeschlossenen Handlung in der Vergangenheit; das Perfekt ist daher normalerweise inhärent perfektiv, obwohl es in Bezug auf den Verbalaspekt als Ganzes imperfektiv und einem Präsens gleichwertig ist (s.u. 16.3.1-2).
Die inhärente Bezeichnung einer abgeschlossenen Handlung der Vergangenheit führte dazu, dass das Perfekt in mehreren idg. Einzelsprachen vom Gegenwartstempus zu einem Präteritum mit implizierter Gegenwartsrelevanz wurde (resultative Metonymie). In Aspektsprachen ist dieses neue Präteritum, wie zu erwarten, perfektiv.

12.2. Da das uridg. Perfekt einen Zustand als Resultat einer vorausgehenden Handlung bezeichnet – typischerweise einen Zustand in der Gegenwart, der aus einer Handlung in der Vergangenheit resultiert –, lässt sich seine Funktion mit Bezug auf den Zeitablauf als zweiphasige **Aktionsart** einordnen (zu den Aktionsarten s. u. 16.1.1).

Inhaltlich vergleichbar sind zwei Typen sekundärer Präsentien, Desiderativa und Präparativa (s. u. 15.3), die ebenfalls zwei Zeitstufen betreffen. Bezeichnet wird hier der in der Gegenwart bestehende Wunsch bzw. die für den Sprecher erkennbare Absicht des Handlungsträgers, eine zukünftige Handlung auszuführen.

Die Bildung des Perfektstamms entspricht bis auf den Akzent – der bereits im Uridg. zum Wortende hin verschoben war, s. o. Beispiel (19) – der Bildung eines reduplizierten Präsens mit *e*-vokalischer Reduplikation:

(87) 1. Sg. Inj./Ind. Pf. uridg. **me-món-*h_2*a* / h_2*ai̯*
  > gr. *mémona* 'ich bin bestrebt, bin entschlossen'
  ~ lat. *meminī* 'ich weiß noch, denke daran'
  (ved. unbelegt, zum Akzent vgl. *jagrábha* 'ich habe ergriffen')
  1. Pl. Inj. Pf. uridg. **me-mn̥-mé*
  > gr. *mémamen* 'wir sind bestrebt'
  (ved. unbelegt, zum Akzent vgl. *jagr̥bhmá*)

Vergleichbare Stammbildung zeigt z. B. die 1. Sg. Inj. Präs. **d*^{h}*é-d*^{h}*o*h_1*-m̥*, Pl. **d*^{h}*é-d*^{h}h_1*-me* 'ich setze, wir setzen' (s. u. 15.1).

Reduplizierte Bildungen bezeichnen, wenn man der Reduplikation ikonischen Wert zuschreibt, in ihrer etymologischen Ausgangsbedeutung den iterativen (genauer gesagt repetitiven) Verlauf der Handlung. Wie Beispiel (85) zeigt, könnte dies ursprünglich auch für das idg. Perfekt gegolten haben. Als Sonderfall der Iterativität ist aber auch die typische Zweiphasigkeit der Perfekthandlung einzustufen, vgl. dazu Beispiel (87): die Ausgangsbedeutung von uridg. **me-món-*h_2*a* / h_2*ai̯* war wohl 'ich habe den Gedanken gehabt und denke noch immer / auch jetzt daran'. Im Zuge der Grammatikalisierung ist, wie auch bei anderen reduplizierten Bildungen des Uridg., die iterative Funktion verloren gegangen.
Bei dem reduplikationslosen Perfekt uridg. **u̯ói̯d-*h_2*a* / h_2*ai̯* 'ich weiß' war schon in der Grundsprache keine vorausgehende Handlung mehr impliziert, die semantische Zweiphasigkeit also aufgegeben (und infolgedessen auch die funktionslos gewordene Reduplikation). Als etymologische Ausgangsbedeutung ist zu erschließen

**'ich habe gesehen und weiß nun', oder eher **'ich weiß, weil ich gesehen habe', mit der unnötigen Einschränkung auf visuelle Erfahrung.

12.3. Die **Perfektendungen** lagen, ebenso wie die Endungen des Präsens/Aorist-Systems, als Primär- und Sekundärendungen vor. Für den Singular und Plural lauteten sie

		sekundär	primär
Sg.	1.	*-h_2a*	*-$h_2ai̯$*
	2.	*-th_2a*	*-$th_2ai̯$*
	3.	*-*e*	*-*ei̯*
Pl.	1.	*-*me*/-*mē*	*-*mes*
	2.	?*-*e*	?
	3.	*-*r̥* / ?*-*ér*	*-*r̥s* / -*ḗr*(*i*)

Die Endungen der 1. Sg. Perfekt waren mit den Medialendungen identisch (s. o. 11.3.2), die Endungen der 1. Pl. und wahrscheinlich auch des Duals mit den entsprechenden Aktivendungen (oben 11.3.1). Letztere Fälle dienten als Ausgangspunkte für die einzelsprachliche Neubildung eines medialen Perfekts im Indoiranischen und Griechischen.

Sofern das uridg. Perfekt einen resultierenden Zustand in der Gegenwart bezeichnete, waren Primärendungen zu erwarten; dieser Endungssatz ist im Lateinischen, im Anatolischen (Präsens der *hai*- bzw. heth. *hi*-Konjugation) und relikthaft auch im Slavischen fortgesetzt (abg. 1. Sg. *vědě* < *$u̯ói̯d$-$h_2ai̯$*). Der sog. Indikativ Perfekt des Indoiranischen und Griechischen sowie das starke Präteritum und die Präteritopräsentien des Germanischen zeigen hingegen die ursprünglichen Sekundärendungen, die auch im Präteritum der anatolischen *hai*-Konjugation (heth. *hi*-Konjugation) fortgesetzt sind. Es handelt sich somit um die Nachfolgekategorien des uridg. Injunktivs Perfekt, der keine Zeitstufe bezeichnete (s. u. 13.3.1).

In Fällen wie Beispiel (85) war eher der Injunktiv als der Indikativ Perfekt angebracht. Auch in Fällen wie (86) und (87) konnte der Injunktiv verwendet werden, wenn die Aussage nicht nur für die aktuelle Gegenwart gelten sollte ('ich bin für immer verloren', 'ich denke noch immer daran'). In der Fachliteratur wird meist nur ein Endungssatz (i. w. die obigen Sekundärendungen) angenommen.

Lit.: Rix, Hist. Gr. Gr. 220 ff., 239, 255 ff.
Szemerényi, Einf. 312-321, 259 f.
Beekes, Introd. 237 ff.
Meiser, HLFL 41.
Meier-Brügger, Idg. Sprachw. 166, 173, 181 f.
Fortson, IE Language and Culture 93 ff.
M. J. Kümmel, Das Perfekt im Indoiranischen. Wiesbaden 2000 (bes. S. 54-59: Die urindogermanischen Endungen).

12.4. Die Perfektendungen der 3. Singular und Plural (über den Dual lässt sich nichts aussagen) haben ihre formale und funktionale Entsprechung bei den sog. **Stativendungen** bestimmter, ansonsten medial flektierter Präsentien. Diese Präsentien besitzen statische oder patientive, jedoch keine (oder erst sekundär auch zusätzlich) reflexive Funktion, wobei die Zustandsbedeutung die ursprüngliche ist. Hierher gehören z. B. die uridg. Verben für 'liegen' und 'Ertrag bringen', **ḱéi̯-* in ved. *śáye* 'liegt' usw. und **d^{h}ug^h-* in ved. *duhé* 'gibt Milch' usw.

Die uridg. Stativendungen lauteten

		sekundär	primär
Sg.	1.	**-h$_2$a*	**-h$_2$ai̯*
	2.	**-th$_2$a*	**-th$_2$ai̯*
	3.	**-o/-e*	**-oi̯/-ei̯*
Pl.	1.	?	?
	2.	?	?
	3.	**-ro/-re*	**-roi̯/-rei̯*

Auf dem Einfluss der *r*-haltigen 3. Pl. Stativ (oder Perfekt, was formale Differenzen zwischen den Vorformen erklärt) beruhen letztlich die medialen *r*-Endungen des Anatolischen, Italischen, Keltischen, Phrygischen und Tocharischen, s.o. 11.3.2.

Wie der eigene Endungssatz zeigt, gab es im späten Voruridg. noch eine dritte Diathese **Stativ** zur Bezeichnung der statischen Funktion, deren formale und semantische Merkmale bei einigen archaischen, im uridg. System als Media eingeordneten Präsentien bewahrt blieben. Wie theoretisch zu erwarten, entsprachen den drei Verhaltensarten Tätigkeit, Zustandsänderung und Zustand damals wohl noch die Diathesen Aktiv, Medium und Stativ (vgl. oben 11.2.2). Sprachhistorischer Vorläufer des zustandsbezeichnenden uridg. Perfekts war demnach der Stativ eines reduplizierten Verbalstamms der Struktur $C_1e\text{-}C_1oC_2\text{-}/C_1e\text{-}C_1C_2\text{-}$.

In diesem Fall bewährt sich die Methode der **internen Rekonstruktion**, d.h. der sprachhistorische Rückschluss aus dem Vergleich von Einzelfakten ein und derselben Sprache, obwohl es sich beim Vergleich urindogermanischer Rekonstrukte um eine Rekonstruktion zweiten Grades handelt.

Lit.: Szemerényi, Einf. 272.
Beekes, Introd. 252 f. (zum Stativ unter „intransitive middle" und Perfekt).
Meier-Brügger, Idg. Sprachw. 180 ff.
Fortson, IE Language and Culture 86 f.
M. Kümmel, Stativ und Passivaorist im Indoiranischen. Göttingen 1996. S. 1-14.
Kümmel, Das Perfekt im Indoiranischen 59.

Zur Selbstkontrolle:
1. Was ist die charakteristische Funktion des uridg. und altidg. Perfekts?
2. Wie wird der Perfektstamm gebildet?

13. Lektion
Verbalflexion: Modi

13.1. Die grammatische Dimension Modus umfasste im Uridg. m. E. fünf grammatische Kategorien, die die folgenden Inhalte bezeichneten:

- **Realis**:	Wirklichkeit aus der Sicht des Sprechers
- **Prohibitiv**:	Verbot bzw. Abwehr durch den Sprecher
- **Imperativ**:	Aufforderung durch den Sprecher
- **Potentialis**:	Möglichkeit aus der Sicht des Sprechers; Wunsch des Sprechers
- **Expektativ**:	Erwartung des Sprechers.

Den grammatischen Kategorien Imperativ, Potentialis und Expektativ entsprachen die paradigmatischen Kategorien Imperativ Präsens/Aorist/Perfekt, Optativ Präsens/Aorist/Perfekt und Konjunktiv Präsens/Aorist/Perfekt. In der grammatischen Kategorie Realis (wie teilweise auch beim Expektativ, s. 13.3.4.2 am Ende) war eine Aufspaltung nach Tempuskategorien eingetreten: hierher gehörten erstens die Gegenwartstempora Indikativ Präsens und Indikativ Perfekt, zweitens die Präterita Imperfekt, Indikativ Aorist und Plusquamperfekt und drittens, zur Bezeichnung der Zeitstufenlosigkeit, der Injunktiv Präsens/Aorist/Perfekt (vgl. die tabellarische Übersicht in Abschnitt 11.0). Zur Bezeichnung des Prohibitivs dient die Negation *$méh_1$* in Verbindung mit dem Injunktiv, s. 13.3.1.

In den idg. Einzelsprachen ist dieses ausdifferenzierte Tempus/Modus-System mehr oder weniger stark vereinfacht. Injunktiv Präsens und Injunktiv Aorist sind nur noch im ältesten Indoiranischen (R̥gveda und Altavestisch) als eigene Kategorien erhalten; soweit der Injunktiv Perfekt fortgesetzt ist (indoiranisch, griechisch, germanisch, s. o. 12.3), dient er einzelsprachlich als Indikativ. Das Nebeneinander von Imperativ, Optativ und Konjunktiv liegt im Indoiranischen und Griechischen noch vor, wird aber auch durch Nachfolgekategorien im Tocharischen, im Albanischen und in bestimmten lateinischen Paradigmen vorausgesetzt, dazu durch Einzelformen im Slavischen. Der sog. Konjunktiv des

Germanischen geht formal auf den uridg. Optativ zurück, der keltische Konjunktiv auf den uridg. Konjunktiv.

Lit.: K. McCone, The Indo-European Origins of the Old Irish Nasal Presents, Subjunctives and Futures. Innsbruck 1991. S. 185.

Im Anatolischen sind nur ein Gegenwartstempus, ein Präteritum (formal dem Injunktiv entsprechend) und der Imperativ erhalten, allerdings mit zwei verschiedenen, funktional gleichwertigen Endungssätzen (*mi-* und *hai-*, heth. *hi*-Konjugation); zur Begründung s.u. 13.3.0.

13.2. Wie üblich, decken die verbalen Modi des Uridg. und der altidg. Sprachen nur einen Teil der semantischen Modalität ab. Einerseits bezeichnen sie die **epistemische Modalität,** d.h. den Realisationsgrad einer Handlung in der Einschätzung des Sprechers (Realis, Potentialis, Expektativ); andererseits dienen sie zur **Auslösung** einer Handlung durch den Sprecher (Imperativ, im negativen Sinne Prohibitiv) bzw. zur **Kundgabe** des vom Sprecher Erwünschten (Potentialis in kupitiver Funktion) oder Erwarteten (Expektativ, zugleich Auslösungsmodus). In jedem Fall ist also eine **Sprecherhaltung** bezeichnet.

Lit.: J. Bybee, S. Fleischman, Modality in Grammar and Discourse. Amsterdam/Philadelphia 1995. S. 1-7.
K. Bühler, Sprachtheorie. Stuttgart 1965. S. 28-33 (Organon-Modell der drei Funktionen des Sprachzeichens, bezeichnet als Ausdruck, Appell und Darstellung bzw., in einer früheren Fassung, Kundgabe, Auslösung und Darstellung).

Zur Bezeichnung der **agensorientierten Modalität** ohne Sprecherbezug werden andere Ausdrucksmittel verwendet. Die Notwendigkeit einer Handlung (dt. *muss*, **deontische Modalität** im engeren Sinne) bezeichnet der finale Dativ eines Verbalabstraktums oder ein davon abgeleitetes deontisches Verbaladjektiv, die Unmöglichkeit (dt. *kann nicht*) das negierte resultative Verbaladjektiv auf **-tó-* oder ein Ausdrucksmittel für die deontische Modalität in Verbindung mit der Negation (vgl. dt. *es ist nicht zum Aushalten*). Die Fähigkeit des Agens (dt. *kann*) wird, wenn sie nicht einfach unbezeichnet bleibt, durch ein eigenes Verbum bezeichnet; auch Nomina agentis habitueller Funktion können eine Bedeutungskomponente 'geübt, gut' besitzen. Um die Absicht oder Bereitschaft des Handlungsträgers auszudrükken (dt. *will*), stehen vor allem im Indoiranischen formal charakterisierte Präsensstämme (Desiderativa) zur Verfügung. Bei Handlungen mit inhärentem Ziel genügt in Aspektsprachen hierfür eine imperfektive Kategorie, die die Handlung als noch nicht abgeschlossen kennzeichnet (Praesens oder Imperfectum de conatu).

13.3.0. In Bezug auf die Form ist zwischen suffixlosen und suffixalen Modi zu unterscheiden. Suffixal gebildet sind nur die Optative und Konjunktive als Ausdruck von Potentialis und Expektativ, alle übrigen Modi zeigen keine Stammerweiterung.

Da die anatolischen Verbalparadigmen von einem einheitlichen Verbalstamm aus gebildet werden, lässt sich der Verlust der beiden suffixalen Modi als Folge einer einzelsprachlichen Umstrukturierung des Verbalsystems erklären (vgl. unten 15.3 am Ende). Aus dem gleichen Grunde ist in diesem Sprachzweig auch das resultative Verbaladjektiv auf **-tó-*, dessen Suffix im Uridg. unmittelbar an die Wurzel trat, durch das vom Verbalstamm derivierte Partizip auf *-nt-* ersetzt.

Lit.: Meier-Brügger, Idg. Sprachw. 179 o.
Fortson, IE Language and Culture 155.
H. Eichner, Die Vorgeschichte des hethitischen Verbalsystems. In: H. Rix (Hrsg.), Flexion und Wortbildung. Wiesbaden 1975. S. 71-103, bes. 100 ff. („Prinzip der Finalkommutation").

13.3.1. Die zahlreichen paradigmatischen Kategorien, die zum Ausdruck der grammatischen Kategorie **Realis** dienen, bezeichnen eine vom Sprecher als faktisch gegeben betrachtete Handlung in der Gegenwart, eine vom Sprecher als ehemals faktisch gegeben betrachtete Handlung in der Vergangenheit oder – im Falle des **Injunktivs** – eine Handlung ohne Zeitstufenbezug, deren Realität für Sprecher und Hörer außer Frage steht. Morphologisch wie semantisch stellt der Injunktiv die **Basiskategorie** des Modus Realis dar, die bei Bedarf durch Zusätze zur Bezeichnung der Gegenwart (in den Primärendungen enthalten, s. o. 11.3.0, 11.3.1-2 und 12.3-4) oder der Vergangenheit (Augment **é-*, s. u. 16.2.2) auf eine der beiden Zeitstufen festgelegt wurde, die der Beobachtung zugänglich sind. Die etymologisch durchsichtigen Primärendungen auf **-i* sind innerhalb des Urindogermanischen sicher jung, daneben stehen jedoch ältere, nicht mehr durchsichtige Primärendungen auf **-s* (s. o. 11.3.1-11.3.2). Zu den jüngsten Erscheinungen innerhalb des Uridg. gehört – falls grundsprachlich – die obligatorische Verwendung des Augments **é-* als Verbalpräfix, da in der nachfolgenden Verbalform kein Schwundablaut eintritt.

Allein der Injunktiv wird in Verbindung mit der Prohibitivnegation **méh*$_1$ (s. o. 5.1.3) zum Ausdruck des **Verbots** und der **Abwehr** einer

Handlung verwendet. Da die Prohibitivnegation selbst bereits diese Funktion besitzt (Ausgangsbedeutung etwa *'lass es nicht zu!'), hat der Injunktiv hier keine prohibitive Funktion; bezeichnet wird lediglich eine als Realität betrachtete, weil entweder beobachtete oder für die Zukunft vorausgesehene Handlung, deren Zeitlage sich aus der Situation ergibt. Wenn die Handlung in der Zukunft liegt, ist ihre Realisation in der Vorstellung des Sprechers vorweggenommen.

(88) R̥gveda X 108,9 *mā́ púnar gās* 'geh nicht zurück!' im Sinne von 'bleib hier!' mit Inj. Aor. *gās* < uridg. *$*g^{w}ah_2$-s* (**Präventivsatz**: Handlung für die Zukunft vorausgesehen)

(89) Atharvaveda V 22,11 (Fieberzauber) *mā́ sma -áto 'rvā́n áiḥ* (< *ā́ eṣ*) *púnar* 'komm von da nicht länger hierher zurück!' im Sinne von 'hör auf, dauernd wiederzukommen' mit Inj. Präs. *eṣ* < uridg. *$*h_1$ei̯-s* (**Inhibitivsatz**: Handlung in einem Zeitraum, der die Gegenwart einschließt, beobachtet)

Lit.: K. Hoffmann, Der Injunktiv im Veda. Heidelberg 1967. S. 43-45, 98-106 (Prohibitivsätze); 265-279 (Hauptfunktion: Erwähnung).

13.3.2. Als **Imperativ** diente ursprünglich wohl der bloße Verbalstamm – ohne Flexionsendungen – mit dem Inhalt eines hortativen Infinitivs wie dt. 'kommen!'. Im Uridg. war die Verwendung dieser Form jedoch bereits auf die 2. Sg. Aktiv eingeschränkt, vgl. z.B.

(90) uridg. *$*h_1$éi̯* in lat. *ī* 'geh', heth. *ē-hu* 'komm' ← 'geh (dort) weg', zum Präsens *$*h_1$éi̯-/h_1i-* 'gehen'

(91) uridg. *$*h_2$áǵ-e* in ved. *ájă*, gr. *áge*, lat. *age* 'treib, führ', altnord. *ak* 'fahr', arm. *ac* 'bring', zum Präsens *$*h_2$áǵ-e-* 'treiben, führen'.

Die endungslose Imperativform wurde bei athematischen Stämmen optional durch eine akzentuierte Partikel *$*$-d^hí* erweitert, die in der vorausgehenden Verbalform Schwundablaut bewirkt; diese Erweiterung geht somit auf das Voruridg. zurück.

(92) uridg. *$*h_1$i-d^hí* 'geh' in ved. *ihí*, aav. *idī*, gr. *íthi*, heth. *īt*

Für Aufforderungen in der 1. Person ('geh ich', 'gehen wir, lasst uns gehen') steht der idg. Imperativ nicht zur Verfügung; derartiges fällt in den Funktionsbereich des Konjunktivs oder seiner Nachfolgekategorie, s. 13.3.4.2. Zur Ausdifferenzierung der 2. und 3. Person Imperativ griff man im Voruridg. auf Formen der Basiskategorie des Modus Realis zurück, die dadurch eine pragmatisch begründete Zweitfunktion erhielten (vgl. dt. *ihr geht jetzt!*). In der 3. Singular und Plural wurde als Kennzeichen des Imperativs eine Partikel **-u* angefügt, ähnlich dem **-i* der Primärendungen. Im Ergebnis werden z. B. unterschieden:

(93) uridg.	**$h_2$ág̑-e-t*	'er treibt'	(Inj. Präs.)
	**$h_2$ág̑-e-ti*	'er treibt jetzt'	(Ind. Präs.)
	**$h_2$ág̑-e-tu*	'er soll treiben'	(Ipt. Präs.)
	**$h_2$ág̑-o-nt*	'sie treiben'	(Inj. Präs.)
	**$h_2$ág̑-o-nti*	'sie treiben jetzt'	(Ind. Präs.)
	**$h_2$ág̑-o-ntu*	'sie sollen treiben'	(Ipt. Präs.)

Die Imperativformen der 2. Plural Aktiv, des Duals und des Mediums (ausgenommen allenfalls die 3. Singular und Plural Medium, die im Indoiranischen eine Partikel **-am* < **-om* enthalten) blieben mit den entsprechenden Injunktivformen homonym.

Die Möglichkeit, Lücken im Imperativparadigma mit suppletiven Injunktivformen zu füllen, blieb im Uridg. und Urindoiranischen erhalten und wurde im Aorist verschiedentlich genutzt (sog. **hortativer Injunktiv Aorist**, d. h. Formen dieser Kategorie in der Verwendung und Funktion des Imperativs).

Eine Aufforderung für die entfernte Zukunft wurde im Uridg. durch den Imperativ in Verbindung mit dem pronominalen Abl. Sg. **tŏ̄d* < **tó-ad* 'von da her, dann' ausgedrückt. Die ursprüngliche Verwendungsweise dieses **Imperativus futuri** ist im Vedischen und im Lateinischen fortgesetzt, vgl. z. B.

(94) Plautus, Mercator 770 *cras petito* (Ipt. fut.), *dabitur* (Fut.). *nunc abi* (Ipt. Präs.) 'Frag morgen nach, und du bekommst (deinen Lohn). Jetzt geh!'

Durch die Unterscheidung von unmittelbarer und entfernter Zukunft beim uridg. Imperativ war eine Tempusopposition vorgegeben, die im indoiranischen, besonders aber im vedischen Verbalsystem strukturbildend wirkte.

Lit. zu 13.3.1-2:
Meier-Brügger, Idg. Sprachw. 259 f. (M. Fritz).
Beekes, Introd. 245, 248 f.
Fortson, IE Language and Culture 91 f., 95.
E. Tichy, Vom idg. Tempus/Aspekt-System zum ved. Zeitstufensystem (s. 16.3.3 am Ende), 591 f. mit Lit.

13.3.3. Der uridg. und altidg. **Optativ** wird mit dem ablautenden Suffix *-i̯éh_1/ih_1- gebildet, an das ausschließlich Sekundärendungen treten; vgl. z. B. (einzelsprachlich umgebildete Formen in Klammern)

(95) 2. Sg. Akt. uridg. *h_1s-i̯éh_1-s
> ved. *syā́s*, gr. *eíēs*, alat. *siēs*, (lat. *sīs*, ahd. *sīs*, *sīst*)
1. Pl. *h_1s-ih_1-mó
> (ved. *syā́ma*,) gr. *éhīmen > *eîmen*, lat. *sīmus*, ahd. *sīn*
3. Pl. *h_1s-ih_1-ént
> (ved. *syúr*,) gr. *éhien > *eîen*, alat. *sient*, (lat. *sint*, ahd. *sīn*)

(96) 3. Sg. Akt. uridg. *g^wih_3u̯ó-i̯h_1-t
1. Pl. *g^wih_3u̯ó-i̯h_1-me
3. Pl. *g^wih_3u̯ó-i̯h_1-n̥t
> ved. *jī́vet*, *jī́vema*, (*jīveyur*), entsprechend auch gr. *phéroi*, *phéroimen*, *phéroien* zu uridg. *b^hér-e- 'tragen'

Im Bereich der epistemischen Modalität bezeichnet der Optativ die **Möglichkeit** einer gegenwärtigen, zukünftigen oder zeitstufenlosen Handlung aus der Sicht des Sprechers (**potentialer Optativ**). Eine nur vorgestellte, als nicht realisierbar betrachtete Möglichkeit ist dabei eingeschlossen; zwischen Potentialis und Irrealis wird, wenn überhaupt, erst infolge einzelsprachlicher Neuerungen unterschieden.

Lit.: H. Hettrich, Lateinische Konditionalsätze in sprachvergleichender Sicht. In: Latein und Indogermanisch, ed. O. Panagl und Th. Krisch. Innsbruck 1992. S. 263-284, bes. 271 f.
H. Hettrich, Die Entstehung des homerischen Irrealis der Vergangenheit. In: Mír Curad, Studies in Honor of Calvert Watkins. Innsbruck 1998. S. 261-270.

Als Modus der Kundgabe bezeichnet der Optativ den **Wunsch** des Sprechers, der in der Regel auf eine Handlung in der Zukunft gerichtet ist (**kupitiver Optativ**). Diese zweite Funktion kann in voruridg. Zeit unter geeigneten pragmatischen Bedingungen aus der erstgenannten abgeleitet worden sein, vgl. z. B.

(97) Ilias 4,189 *aì gàr dḕ hoútōs eíē*, dt. *wenn es doch nur so wäre*

Der kupitive Optativ des Griechischen und Indoiranischen wird im Dt. traditionell mit satzeinleitendem (!) *möge* oder *möchte* übersetzt, Beispiel (97) also durch 'möge/möchte es doch so sein'.
Nicht der Imperativ, sondern der Optativ dient ferner als Modus der allgemeinen Anweisung und Vorschrift (**präskriptiver Optativ** in der 2. und 3. Person). Auch diese dritte Funktion ist wohl aus der ersten hervorgegangen: 'du könntest, man könnte' → 'du sollst, man soll'.

Nach obiger Herleitung wäre der kupitive Optativ ursprünglich immer betont gewesen (mit Satzanfangs- oder Nebensatzakzent, s. o. 5.3.2); der potentiale Optativ steht tatsächlich oft im Nebensatz. Dies könnte vielleicht die konstante *o*-Stufe des Themavokals vor *-ih_1- erklären, vgl. Beispiel (96) und oben 7.1.2-3.
Das Optativsuffix kann mit einem nominalen Sekundärsuffix *-$i̯éh_1/ih_1$- (in der Fachliteratur meist als *-$íh_2$- angesetzt) ursprungsgleich sein, das u. a. die Ähnlichkeit bezeichnet (sog. *vr̥kī́ḥ*-Bildungen nach ved. *vr̥kī́-ṣ* f. 'Wölfin' gegenüber *vŕ̥ka-s* m. 'Wolf'). Eine 3. Sg. Opt. hätte demnach ursprünglich bedeutet: 'er erinnert an die Verbalhandlung, d.h. es sieht so aus, als ob er die Verbalhandlung ausführen würde'.

13.3.4.1. Im Gegensatz zum Optativ ist der uridg. und altidg. **Konjunktiv** eine thematische Bildung; das dem Konjunktivsuffix vorausgehende Element steht (reduplizierte Präsentien ausgenommen) in der *e*-Stufe. Daher ist der Konjunktiv in athematischen Verbalparadigmen die einzige Kategorie, die keinen Ablautwechsel zwischen starken (1. 2. 3. Sg. Aktiv) und schwachen Formen zeigt; im Medium ist er überdies normalerweise die einzige hochstufige Kategorie.

Das Konjunktivsuffix wird allgemein mit dem Themavokal *-*o*/*e*- identifiziert; im Konjunktiv thematischer Verben müsste dieser also doppelt auftreten (kontrahiert > *-*ō*/*ē*-). Da stammauslautender Themavokal und Konjunktivsuffix im Altavestischen jedoch nicht kontrahiert sind, ist letzteres wahrscheinlich als **-h_1o/h_1e-* anzusetzen:

(98) 3. Pl. Med. uridg. **sék^{w}e-h_1o-ntoi̯* ‘sie werden folgen o. begleiten’
> aav. *hacǡṇtē* (im Vers dreisilbig: [ha.tʃa.an.təj]), gr. *hépōntai*

(99) 1. Sg. uridg. **$h_1$és-h_1o-h_2* ‘ich werde sein’
> ved. *ásā**, erweitert *ásāni*, hom. *éō*, lat. *ero*
3. Sg. uridg. **$h_1$és-h_1e-t/-ti*
> ved. *ásat/ásati*, aav. *aŋhat̰/aŋhaitī*, (hom. *éēi*) lat. *erit*

Unter Annahme einer voruridg. Konversion (s. 7.1.3: them. Adjektiv → them. Verbalstamm) kann die Bildung mit hochstufiger Wurzel und Suffix **-h_1e-* als ins Verbalparadigma übernommene Vr̥ddhiableitung zu einem Verbalabstraktum auf **-eh_1-* angesehen werden, das den Zustand des Handlungsträgers bezeichnete. Für die Vorläuferkategorie einer 3. Sg. Konjunktiv ergibt sich daraus die Funktion *‘ist zum Zustand eines Handlungsträgers gehörig, d.h. kann/soll/muss/wird die Verbalhandlung ausführen’.

13.3.4.2. Als epistemischer Modus bringt der Konjunktiv die **Erwartung** des Sprechers zum Ausdruck und ersetzt das im Uridg. fehlende Futur (in traditioneller Terminologie als prospektiver Konjunktiv bezeichnet; die treffende Funktionsbezeichnung ist **expektativ**). Unter der pragmatischen Sonderbedingung, dass sich die Erwartung des Sprechers an den oder die Angesprochenen richtet, kann dieselbe Kategorie als Kundgabe- oder Auslösungsmodus dienen. In den 1. Personen entwickelte sich hieraus eine eigenständige Zweitfunktion des Konjunktivs als Modus der Aufforderung und des Vorschlags (in der 1. Singular auch der Selbstaufforderung; traditionell in allen drei Personen als voluntativer Konjunktiv bezeichnet, de facto aber immer **hortativ**). Die zweite Verwendungsweise ist pragmatisch aus der ersten ableitbar, vgl. dt.

(100) *Ich erwarte (von dir), dass du gehst ~ du wirst (sollst) gehen*
Ich erwarte (von dir), dass er geht ~ er wird gehen (lass ihn gehen)
Ich erwarte (von euch), dass wir gehen ~ wir werden gehen (gehen wir, lasst uns gehen)

Bei der dt. Übersetzung von Konjunktivformen, die zur Kundgabe oder Auslösung dienen, sollte man die Hilfsverben *wollen* und *sollen* nach Möglichkeit vermeiden. Ersteres wird bereits für die Indikative des Voluntativs, Desiderativs und Präparativs benötigt (s. u.); letzteres suggeriert in der 3. Person eine Funktionsgleichheit mit dem Imperativ oder einem deontischen Verbaladjektiv, die nicht besteht. Anstelle der traditionellen Wiedergabe mit

Sg.	1.	'ich will gehen'	Pl.	1.	'wir wollen gehen'
	2.	'du sollst gehen'		2.	'ihr sollt gehen'
	3.	'er soll gehen'		3.	'sie sollen gehen'

empfiehlt sich daher, soweit möglich, die Übersetzung:

Sg.	1.	'geh ich / lass(t) mich gehen'	Pl.	1.	'gehen wir, lass(t) uns gehen'
	2.	'du sollst gehen'		2.	'ihr sollt gehen'
	3.	'lass(t) ihn gehen'		3.	'lass(t) sie gehen'

Für den Konjunktiv in **deliberativen Fragen** ist – statt von der Grundbedeutung 'ich erwarte, dass ...' – ausnahmsweise von 'erwartest du, dass ...?' auszugehen, weil der Sprecher nach der Erwartung des Angesprochenen, im Selbstgespräch nach der eines fiktiven Gegenübers fragt. Das dt. Hilfsverb *sollen* erscheint hier bei der Übersetzung der 1. und 3. Person (die 2. Person kommt nur im R̥gveda vor):

Sg.	1.	'soll ich gehen?'	Pl.	1.	'sollen wir gehen?'
	2.	'wirst/willst du gehen?'		2.	'werdet ihr gehen?'
	3.	'soll er gehen?'		3.	'sollen sie gehen?'

(101) R̥gveda X 95,1 (es spricht der verlassene Ehemann)
vácāṁsi miśrā́ kr̥ṇavāvahai (1. Du. Konj. Präs. Med.) *nú*
'**Lass uns** Worte miteinander wechseln (wörtl. vermischt machen), jetzt'
ib. 2 (Antwort der entflohenen Ehefrau, einer Göttin)
kím etā́ vācā́ kr̥ṇavā (1. Sg. Konj. Präs. Akt.) *táva -ahám*
'Was **soll ich** mit dieser deiner Rede machen?'

Durch den semantisch relevanten Sprecherbezug unterscheidet sich der Modus Konjunktiv von den sekundären Präsentien Voluntativ, Desiderativ und Präparativ, die durchgehend die Gewilltheit, den Wunsch oder die Absicht des Handlungsträgers (nicht Sprechers!) bezeichnen: 'ich will, du willst, er will ...' (vgl. 15.3). Eine gewisse funktionale Nähe besteht nur in der 1. Singular, in der Sprecher und Handlungsträger identisch sind.

Die hortative – nicht voluntative – Funktion der 1. Sg. Konj. (im Engl. mit *let me ...* zu übersetzen) lässt sich aus 'ich erwarte, dass ich ... (darf)' ableiten, wenn der Sprecher mit seiner Äußerung die Zustimmung des Angesprochenen einholt; vgl. dt. *lass mich vorangehen, lassen Sie mich zum Schluss kommen.* In der Selbstaufforderung erklärt sie sich als Analogiefall zur 1. Plural: 'geh ich' nach 'gehen wir' ← 'ich erwarte von dir/euch, dass wir gehen'. Auch hier besteht somit ein Unterschied zum Voluntativ, Desiderativ und Präparativ (1. Sg. 'ich will ...' im Sinne von *I am willing to ..., I want to ..., I am going to ...*).

In der 1. Sg. Konj. Aktiv auf uridg. *-h_1o-h_2 liegt wie in der 1. Sg. Indikativ der thematischen Präsentien (s. u. 14.3) anscheinend eine eigene Endung vor, die etwas mit der medialen Sekundärendung (!) *-h_2a zu tun haben könnte (s. o. 11.3.2). Ansonsten werden die Sekundär- oder Primärendungen des Präsens/Aorist-Systems verwendet. Die Wahlmöglichkeit zwischen beiden Endungssätzen ist im Indoiranischen allerdings seit Beginn der Überlieferung auf die 2. und 3. Singular Aktiv sowie die 3. Plural Aktiv und Medium eingeschränkt; im Griechischen beschränkt sich die Alternation auf die 3. Sg. Aktiv, in den anderen Sprachen ist sie ganz aufgegeben.

Die optionale Bezeichnung der Gegenwart bei Konjunktivformen diente wohl dem Zweck, die zeitliche Nähe der erwarteten Verbalhandlung zur Sprechergegenwart zu betonen; vgl. oben Beispiel (82), zweiter Beleg, und (101), erster Beleg, mit einer hortativen 1. Dual Konjunktiv und dem Zeitadverb *nú* 'jetzt'.

Lit. zu 13.3.3-4 (Konjunktiv und Optativ):

Meier-Brügger, Idg. Sprachw. 260-263 (M. Fritz), 177 ff.

Beekes, Introd. 245-248.

Fortson, IE Language and Culture 83, 95 f.

R. Kühner, B. Gerth, Ausführliche Grammatik der griechischen Sprache. II,1. 3. Auflage. Hannover/Leipzig 1898. S. 201 (Konjunktiv als Ausdruck der Erwartung des Sprechers).

E. Tichy, Zur Funktion und Vorgeschichte der idg. Modi. In: H. Hettrich (Hrsg.), Indogermanische Syntax. Wiesbaden 2002. S. 189-206.
E. Tichy, Der Konjunktiv und seine Nachbarkategorien. Bremen 2006. (S. 303-325: Kategorienvergleich im Hinblick auf die Funktionen und pragmatischen Verwendungsweisen.)

Zur Selbstkontrolle:

1. Worin unterscheidet sich der Injunktiv formal und funktional vom Indikativ und von den Präterita?
2. Wie wurde der uridg. Optativ gebildet, und was waren seine Funktionen?
3. Worin zeigt sich der Sprecherbezug beim Konjunktiv, insbesondere im Vergleich zum Desiderativ?

14. Lektion
Verbalflexion: Wurzelpräsens und thematisches Präsens

14.1. Der Normaltyp eines uridg. **Wurzelpräsens** flektiert in den suffixlosen Kategorien **amphidynamisch**, d.h. mit akzentuierter *e*-Stufe der Wurzel im Singular Aktiv, in den übrigen Formen dagegen mit nullstufiger Wurzel und akzentuierter Endung. Zu diesem Flexionstyp gehört ein hysterodynamischer Optativ sowie ein ebenfalls hysterodynamisch, im Femininum mesodynamisch flektiertes *nt*-Partizip (vgl. oben 10.1-2, zum Ablaut des Konjunktivs 13.3.4.1 am Anfang).

(102) Aktivparadigma des Wurzelpräsens uridg. *g^{wh}én-/g^{wh}n̥-/g^{wh}n- 'schlagen, erschlagen' > ved. *hán-/ha-/ghn-*, auch im Heth. erhalten als *kuen-/kun-*.
(Formen mit nachgesetztem Asterisk * sind unbezeugt, nach den synchronen Regeln aber ohne weiteres bildbar. Die Pfeilspitze > wird nur bei vollkommen lautgesetzlichem Resultat verwendet, bei analogischem Einfluss jeder Art steht ein Pfeil. Analogisch umgebildete Formen sind zusätzlich eingeklammert.)

a) Injunktiv

Sg.	1.	*g^{wh}én-m̥	>	*hánam**	Du. 1.	*g^{wh}n̥-u̯ḗ	→	*hanvá*
	2.	*g^{wh}én-s	>	*hán*	2.	*g^{wh}n̥-táh$_2$	→	(*hatám**)
	3.	*g^{wh}én-t	>	*hán*	3.	*g^{wh}n̥-táh$_2$m̥	→	*hatā́m**
					Pl. 1.	*g^{wh}n̥-mó	→	*hanmá*
					2.	*g^{wh}n̥-tḗ	→	*hatá**
					3.	*g^{wh}n-ént	>	*ghnán*

b) Indikativ

Sg.	1.	*g^{wh}én-mi	>	*hánmi*	Du. 1.	*g^{wh}n̥-u̯és	→	*hanvás**
	2.	*g^{wh}én-si	>	*háṁsi*	2.	*g^{wh}n̥-th$_2$ós	→	*hathás*
	3.	*g^{wh}én-ti	>	*hánti*	3.	*g^{wh}n̥-tós	→	*hatás*
					Pl. 1.	*g^{wh}n̥-mós	→	*hanmás*
					2.	*g^{wh}n̥-tés	→	(*hathá*)
					3.	*g^{wh}n-énti	>	*ghnánti*

c) Imperfekt

Sg. 1.	*é-g^{wh}en-m̥	>	áhanam*	Du. 1.	*é-g^{wh}n̥-u̯e	→	áhanva*
2.	*é-g^{wh}en-s	>	áhan	2.	*é-g^{wh}n̥-tah_2	→	(áhatam)
3.	*é-g^{wh}en-t	>	áhan	3.	*é-g^{wh}n̥-tah_2m̥	→	áhatām
				Pl. 1.	*é-g^{wh}n̥-me	→	áhanma*
				2.	*é-g^{wh}n̥-te	→	áhata*
				3.	*é-g^{wh}n-ent	>	ághnan

d) Imperativ

Sg. 2.	*g^{wh}n̥-d^hí	→	jahí/ī́	Du. 2.	*g^{wh}n̥-táh_2	→	(hatám)
3.	*g^{wh}én-tu	>	hántu	3.	*g^{wh}n̥-táh_2m̥	→	hatā́m
				Pl. 2.	*g^{wh}n̥-tḗ	→	hatá/ā́, oder
					*g^{wh}én-te(nē̆)	>	hánta(nā)
				3.	*g^{wh}n-éntu	>	ghnántu

e) Optativ

Sg. 1.	*g^{wh}n̥-i̯éh_1-m̥	→	hanyā́m	Du. 1.	*g^{wh}n-ih_1-u̯ḗ	→	(hanyā́va*)
2.	*g^{wh}n̥-i̯éh_1-s	→	hanyā́s	2.	*g^{wh}n-ih_1-táh_2	→	(hanyā́tam*)
3.	*g^{wh}n̥-i̯éh_1-t	→	hanyā́t	3.	*g^{wh}n-ih_1-táh_2m̥	→	(hanyā́tām*)
				Pl. 1.	*g^{wh}n-ih_1-mó	→	(hanyā́ma)
				2.	*g^{wh}n-ih_1-tḗ	→	(hanyā́ta*)
				3.	*g^{wh}n-ih_1-ént	→	(hanyúr)

f) Konjunktiv

Sg. 1.	*g^{wh}én-h_1o-h_2	→	(hánāni)	Du. 1.	*g^{wh}én-h_1o-u̯e(s)	>	hánāva
2.	*g^{wh}én-h_1e-s(i)	>	hánas(i)	2.	*g^{wh}én-h_1e-tah_2 /-t$h_2$os	>	hánathas*
3.	*g^{wh}én-h_1e-t(i)	>	hánat(i)	3.	*g^{wh}én-h_1e-tah_2m̥ /-tos	>	hánatas*
				Pl. 1.	*g^{wh}én-h_1o-me(s)	>	hánāma
				2.	*g^{wh}én-h_1e-te(s)	→	(hánatha)
				3.	*g^{wh}én-h_1o-nt(i)	>	hánan*

g) Partizip

mask. u. neutr.	*g^{wh}n-ént-/g^{wh}n-n̥t-´	>	ghnánt-/ghnat-´
fem. (s. 10.2)	*g^{wh}n-n̥t-íh_2-/g^{wh}n-n̥t-i̯áh_2-	>	ghnatī́-/ghnatyā́-*

Die uridg. Distribution der Ablautstufen *o/e/ē* in Verbalendungen ist nicht vergleichend rekonstruierbar, so dass jeder Ansatz von theoretischen oder praktischen Erwägungen ausgehen muss; vgl. dazu oben 11.3.1.

Falls im Uridg. zu diesem Verbum auch Medialformen gebildet wurden, lautete das entsprechende Paradigma (hier nur die Formen der 3. Sg. und Pl.):

(103) Injunktiv	**gʷʰn̥-tó, *gʷʰn-énto*	
Indikativ	**gʷʰn̥-tói̯, *gʷʰn-éntoi̯*	
Imperfekt	**é-gʷʰn̥-to, *é-gʷʰn-ento*	
Imperativ	**gʷʰn̥-tōm, *gʷʰn-éntōm*	(wenn mit Partikel **-om* erweitert)
Optativ	**gʷʰn-ih₁-tó, *gʷʰn-ih₁-énto*	
Konjunktiv	**gʷʰén-h₁e-toi̯, *gʷʰén-h₁o-ntoi̯*	(*e*-stufig, s. 13.3.4.1)
Partizip	**gʷʰn-m̥h₁nó-*, fem. **gʷʰn-m̥h₁náh₂-*	

Aktive Wurzelpräsentien dieses Typs und zugehörige Oppositionsmedia (vgl. oben 11.2.3) bezeichnen überwiegend eine Tätigkeit, die entweder keinen inhärenten Endpunkt hat (z. B. 'gehen' im Gegensatz zu 'kommen') oder eine gewisse Zeit in Anspruch nimmt (auch im Falle von 'schlagen, erschlagen' ist es mit einem Schlag meist nicht getan). Den wichtigsten Sonderfall bildet das statische Verbum **h₁és-ti* 'ist da, ist vorhanden, ist'.

14.2. Neben den amphidynamischen Wurzelpräsentien sind, besonders im Medium oder Stativ, auch **akrodynamische** Wurzelpräsentien belegt und für das Uridg. rekonstruierbar. Diese sog. **Nartenpräsentien** flektierten nach folgendem Schema (zu den Stativendungen vgl. oben 12.4):

(104) uridg. **stḗu̯-/stéu̯-* 'preisen'

Akt.	Inj.	**stḗu̯-t, *stéu̯-n̥t*
	Ind.	**stḗu̯-ti, *stéu̯-n̥ti*
	Ipf.	**é-stēu̯-t, *é-steu̯-n̥t*
	Ipt.	**stḗu̯-tu, *stéu̯-n̥tu*
	Opt.	**stéu̯-ih₁-t, *stéu̯-ih₁-n̥t*
	Konj.	**stéu̯-h₁e-t(i), *stéu̯-h₁o-nt(i)*
	Pt.	**stéu̯-n̥t-*, fem. **stéu̯-n̥t-ih₂-*

(105) Med. Inj. **stéu̯-to, *stéu̯-n̥to*
Ind. **stéu̯-toi̯, *stéu̯-n̥toi̯*
usw.
Pt. **stéu̯-m̥*h_1*no-*, fem. **stéu̯-m̥*h_1*na*h_2-

(106) uridg. **ḱéi̯-* ‘liegen’
Stat. Inj. **ḱéi̯-e, *ḱéi̯-re*
Ind. **ḱéi̯-ei̯, *ḱéi̯-rei̯*
Ipf. **é-ḱei̯-e, *é-ḱei̯-re*
Ipt. **ḱéi̯-ō̃m, *ḱéi̯-rō̃m* (wenn mit Partikel **-om* erweitert)
Opt. **ḱéi̯-i*h_1*-e, *ḱéi̯-i*h_1*-re*
Konj. **ḱéi̯-*h_1*e-to(i̯), *ḱéi̯-*h_1*o-nto(i̯)*
Pt. **ḱéi̯-m̥*h_1*no-*, fem. **ḱéi̯-m̥*h_1*na*h_2-

Akrodynamische **Wurzelstative** wie **ḱéi̯-* ‘liegen’ dürften genauso alt und ursprünglich sein wie amphidynamische Aktiva vom Typ ***g^{wh}*én-/*g^{wh}*n-* ‘schlagen’ oder ***h_1*éi̯-/*h_1*i-* ‘gehen’. Dagegen sind aktivische Nartenpräsentien vom Typ **stḗu̯-/stéu̯-* wahrscheinlich unter Veränderung der Aktionsart, genauer: zur Durativierung durch Einschluss einer Vor- oder Nachphase, von Wurzelaoristen abgeleitet. (Zur internen Derivation vgl. oben 10.4.1, zur Aktionsart unten 16.1.1 und 17.3.)

Lit.: Meier-Brügger, Idg. Sprachw. 170 (Typ 1b).
Fortson, IE Language and Culture 88 o.
J. Narten, Zum „proterodynamischen“ Wurzelpräsens. In: Kleine Schriften I. Wiesbaden 1995. S. 97-107 (Originalpublikation 1969).
M. J. Kümmel, Wurzelpräsens neben Wurzelaorist im Indogermanischen. Historische Sprachforschung 111, 1998, 191-208.
LIV (s. 1.2 am Ende) 14 f., ^{1}649 f. oder ^{2}711 f. (Index der rekonstruierten Verben).

14.3. Unter **thematischen Präsentien** versteht man im weiteren Sinne alle suffixalen Präsentien mit thematischer Flexion, im engeren Sinne die Präsentien mit *e*-Stufe der Wurzel und Suffix **-o/e-*. Bildungen des letzteren Typs (= hochstufige thematische Wurzelpräsentien) haben durative Funktion, sind häufig einem *s*-Aorist paradigmatisch zugeordnet und stehen neben zwei Typen thematischer Maskulina mit *o*-stufiger Wurzel, die als Verbalnomina fungieren.

(107) 3. Sg. Ind. Präs. uridg. **u̯éǵ^{h}-e-ti* ‘fährt, befördert’
> ved. *váhati*, jav. *vazaiti*, gr. *wékhei** (belegt 3. Sg. Ipt. pamphyl. *wekhetō*), lat. *vehit*, abg. *vezetъ** (belegt 3. Pl. *pri-vezǫtъ*)

3. Sg. Ind. Aor. **é-u̯ēǵ^{h}-s-t*, phonotaktisch wohl als **éu̯ēǵzd* realisiert
> ved. *ávāṭ* (analogisch verdeutlicht: *ávākṣīt*), gr. (kypr.) *ewekse*, lat. *vēxit*; das Slavische setzt den *s*-Aorist in der 3. Sg. nicht fort, belegt ist aber die 2. Du. mbg.-ksl. *otъ-věsta*.

Nomen agentis **u̯oǵ^{h}-ó-* m. ‘der fährt, befördert’
> ved. *vāhá-* m., av. *vāza-* ‘Zugtier’, als Komposionshinterglied auch ved. *-vāha-*, av. *-vāza-*, gr. *-(w)okho-* ‘fahrend’

(Verbalabstraktum →) Nomen loci oder instrumenti **u̯óǵ^{h}-o-* m. ‘worauf/womit etwas gefahren wird, befördert wird’
> gr. *ókho-* m. ‘Wagen’, abg. *vozъ* m. ‘Wagen’.

Präsentien vom Typ **u̯éǵ^{h}-e-ti* flektieren im Indikativ/Injunktiv wie der Konjunktiv eines Wurzelpräsens, s. o. Beispiel (102) unter f. Zur Bildung des Imperativs s. o. 13.3.2 mit den Beispielen (91) und (93), zum Optativ Beispiel (96), zum Konjunktiv, der im Altavestischen deutliche Reflexe des Stammausgangs **-e-h₁o/e-* zeigt, s. 13.3.4.1 mit Beispiel (98). Der Wechsel *o/e* beim Themavokal war bereits im Uridg. nach grammatischen Kategorien festgelegt, also nicht mehr akzentabhängig, s. o. 7.1.2.

Thematische Präsentien indogermanischer Einzelsprachen gehen häufig auf athematische Präsentien (z.B. Wurzelpräsentien) zurück, in Einzelfällen – bei entsprechender Semantik, etwa terminativer Aktionsart – auch auf den athematischen Konjunktiv Aorist. Die Herkunft des uridg. Bildetyps **u̯éǵ^{h}-e-* ist umstritten; einige wollen alle Präsentien dieses Typs aus dem Konj. Wurzelaorist oder Wurzelpräsens herleiten, nach anderen ist er von der 3. Sg. Stativ auf **-o/e* ausgegangen (s. 12.4). In beiden Fällen fehlt eine hinreichende semantische Begründung (zur Funktion des Konjunktivs s.o. 13.3.4.2).
Soweit thematische Präsentien nach 7.1.3 (Curtius’ Hypothese) unter Übernahme vorhandener Nominalsuffixe von thematischen Adjektiva deriviert sind, kann und muss den betreffenden Präsenssuffixen keine eigenständige Funktion zugeschrieben werden, es sei denn, eine solche hätte sich durch semantische Differenzierung

sekundär herausgebildet. Unter diesen Umständen verwundert es nicht, wenn für die Präsenssuffixe *-*u̯e*-, *-*i̯e*-, *-*sk̑e*- usw. bislang keine grundsprachliche Funktion ermittelt wurde, obwohl bei einzelsprachlichen Bildungen z.T. charakteristische Funktionsmerkmale vorhanden sind.

Lit.: Meier-Brügger, Idg. Sprachw. 171 f. (nach LIV).
Fortson, IE Language and Culture 89 f.

Zur Selbstkontrolle:
1. Worin unterscheiden sich die sog. Nartenpräsentien vom Normaltyp des idg. Wurzelpräsens?
2. Welche formalen Charakteristika besitzen thematische Präsentien (soweit hier besprochen)?

15. Lektion
Weitere Präsensbildungen

15.0. Neben den Wurzelpräsentien und den thematischen Präsentien auf uridg. **-e-*, **-i̯e-*, **-u̯e-*, **-sk̑e-* usw., die im synchronen System als deradikale (= direkt von der Verbalwurzel abgeleitete) Primärbildungen anzusehen sind, waren für das grundsprachliche Verbalsystem und für die Entwicklung der Einzelsprachen noch weitere Präsensbildungen von tragender Bedeutung: die **reduplizierten Präsentien**, die **Nasalinfixpräsentien** und vor allem die **sekundären Präsentien**.

15.1. Für das Uridg. sind drei Typen **reduplizierter Präsentien** rekonstruierbar:

- athematische Bildungen mit *e*-vokalischer Reduplikation und *o*-Stufe/ Nullstufe der Wurzel
- athematische Bildungen mit *i*-vokalischer Reduplikation und *e*-Stufe/ Nullstufe der Wurzel, öfters deutlich iterativ oder faktitiv
- thematische Bildungen mit *i*-Reduplikation und nullstufiger Wurzel.

Der Akzent lag beim ersten Typ konstant auf der *e*-vokalischen Reduplikationssilbe, beim zweiten wechselte er zwischen *e*-stufiger Wurzel und Endung. Für die thematischen Bildungen wäre theoretisch die Akzentuierung des Themavokals zu erwarten, die allerdings nicht bezeugt ist (im Vedischen ist die Reduplikationssilbe akzentuiert, aber wohl erst durch einzelsprachliche Neuerung; der griechische Verbalakzent ist neu geregelt und gibt keinen Aufschluss). Die *o*- bzw. *e*-Stufe der Wurzel trat nur im Singular Aktiv der suffixlosen Modi auf, alle anderen Formen (auch der Konjunktiv!) waren nullstufig. Vgl. die Beispiele

(108) 3. Sg. Ind. uridg. **d^hé-d^hoh_1-ti* ‘setzt, bestimmt’
> ved. *dádhāti*, aav. *dadāitī*, ahd. *tuot*, nhd. *tut*, → gr. *títhēsi* (mit *i*-Reduplikation und *e*-stufiger Wurzel in Analogie nach dem folgenden Typ)
3. Pl. Ind. **d^hé-$d^h$$h_1$-n̥ti*
> ved. *dádhati*, aav. *dadaitī*, → gr. (dor.) *títhenti*

(109) iterativ:

3. Sg. Ind. *b^hi-b^hér-ti* ‘trägt (immer wieder oder dauernd)’
> ved. *bibhárti* (sekundär auch *bíbharti*) ‘trägt, hegt, zieht auf’
3. Pl. Ind. *b^hi-b^hr-énti*
→ ved. *bíbhrati* (in Analogie nach *dádhati*)

faktitiv:

3. Sg. Ind. *pi-pér-ti* zu *per* ‘hindurchkommen, durchqueren’
> ved. *píparti* ‘bringt hindurch’
3. Pl. Ind. *pi-pr-énti*
→ ved. *píprati* (analogisch)

(110) 3. Sg. Ind. *stí-sth_2-a-ti/toi̯* ‘stellt sich hin, bleibt stehen’
> ved. *tíṣṭhati/te*, jav. *hišta^{i}ti/te*, gr. *hístatai* (als athematisch interpretiert), lat. (*sē*) *sistit*; s. o. Beispiel (9)
3. Pl. Ind. *stí-sth_2-o-nti/ntoi̯*
> ved. *tíṣṭhanti/te,* jav. *hištəṇti/te*, lat. (*sē*) *sistunt*, im Gr. analogisch umgebildet zu *hístantai*

Die reduplizierten Präsentien des Uridg. dienen in der Mehrzahl als imperfektive Aspektkategorie neben Wurzelaoristen (s. u. 17.2), vor allem bei Bewegungsverben. Infolge der paradigmatischen Eingliederung erstreckt sich ihre Verwendung über die ursprüngliche, iterative Funktion hinaus auf die gesamte Verwendungsbreite des imperfektiven Verbalstamms.

Als Ersatz für den dadurch verlorengegangenen Typ iterativer Aktionsartbildungen hat das Indoiranische die sog. **Intensiva** mit neugestalteter, ‘vollerer’ Reduplikation entwickelt.

Lit.: LIV (s.o. 1.2 am Ende) 16 f.
Szemerényi, Einf. 287 ff.
Fortson, IE Language and Culture 88, 90 (5.33).
P. Thieme, Das Plusquamperfektum im Veda. Göttingen 1929. S. 51-59.
R. Lühr, Reste der athematischen Konjugation in den germanischen Sprachen. In: J. Untermann und B. Brogyanyi (Hrsg.), Das Germanische und die Rekonstruktion der idg. Grundsprache. Amsterdam/Philadelphia 1984. S. 46-51.

Ch. Schaefer, Das Intensivum im Vedischen. Göttingen 1994. S. 48-52 und 97 ff., ferner 22-35 (Gestalt der Reduplikationssilbe) und 35-43 (nullstufiger Konjunktiv).

15.2. Die uridg. **Nasalinfixpräsentien** stehen ebenfalls neben Wurzelaoristen, gehören aber typischerweise zu transitiven Handlungsverben. Aus synchronischer Sicht werden sie von der nullstufigen Wurzel deriviert, indem das ablautende Infix _*-né/n-_ vor den letzten Radikal tritt. Die Flexion ist hysterodynamisch.

(111) uridg. _*i̯ug_ 'anschirren' (3. Sg. Ind. Aor. _*é-i̯eu̯k-t_)
→ 3. Sg. Ind. Präs. _*i̯u-né-k-ti_ > ved. _yunákti_
3. Pl. Ind. Präs. _*i̯u-n-g-énti_ > ved. _yuñjánti_, → lat. _iungunt_ (sekundär thematisch flektiert)

(112) uridg. _*k̑lu_ 'hören' (3. Sg. Ind. Aor. _*é-k̑leu̯-t_)
→ 3. Sg. Ind. Präs. _*k̑l̥-né-u̯-ti_ > ved. _śr̥ṇóti_
3. Pl. Ind. Präs. _*k̑l̥-n-u̯-énti_ > ved. _śr̥ṇvánti_

(113) uridg. _*str̥h$_3$_ 'hinstreuen, ausbreiten' (3. Sg. Ind. Aor. _*é-sterh$_3$-t_)
→ 3. Sg. Ind. Präs. _*str̥-nó-h$_3$-ti_ > ved. _str̥ṇā́ti_, im Gr. umgebildet zu _stórnūsi_
3. Pl. Ind. Präs. _*str̥-n-h$_3$-ónti_ > ved. _str̥ṇánti_

Da das Uridg. sonst (mit Ausnahme des _-e-_ bei der Vr̥ddhiableitung, s. o. 6.2 am Ende) keine Infixe kennt, ist voruridg. Herkunft aus einer suffixalen Bildeweise prinzipiell wahrscheinlich. Die Wurzel _*i̯eu̯g/i̯ug_ 'anschirren' hat eine zweiradikalige Variante _*i̯eu̯/i̯u_ 'verbinden' neben sich, so dass dem nullstufigen Präsensstamm ein älterer Stamm _**i̯u-n-_ zugrundeliegen könnte, der später, wie auch die reine Wurzel _**i̯u_, um ein Formans _*-g-_ erweitert worden wäre. (Konsonantische **Wurzelerweiterungen** gibt es in verschiedenen Fällen, ihr funktionaler Wert ist jedoch weitestgehend unbekannt.)

Die meisten anderen uridg. Nasalpräsentien, insbesondere diejenigen zu zweiradikaligen Wurzeln (z. B. _*g^h-né-d-_ zur Wurzel _*g^{h}ed_ 'fassen'), lassen sich allerdings nicht auf diese Weise erklären. Für das Uridg. ist also in jedem Fall bereits eine grammatikalisierte Bilderegel mit ablautendem _n_-Infix anzusetzen.

Wenn der Konjunktiv, wir unter 13.3.4.1 vorgeschlagen, eine Vr̥ddhiableitung darstellt, hätte zum Indikativ uridg. _*str̥nóh$_3$ti_, _*str̥nh$_3$ónti_ ursprünglich ein Konjunktiv _*stérnh$_3$h$_1$eti_, _*stérnh$_3$h$_1$onti_ gehört; hieraus ergibt sich eine neue Erklärungsmöglichkeit für die _e_-Stufe von lat. _sternit_, _sternunt_.

Lit.: Meier-Brügger, Idg. Sprachw. 171.
Fortson, IE Language and Culture 88.
Szemerényi, Einf. 290-293.
Beekes, Introd. 231 f., 256 f.
Rix, Hist. Gr. Gr. 209 ff.

15.3. Die Bildung **sekundärer Präsentien** geht formal von der Verbalwurzel (Deverbativa) oder von einem Nominalstamm aus (Denominativa); im ersten Fall wird funktional ein bereits bestehendes Verbalparadigma vorausgesetzt. Hierher gehören Voluntativa, Desiderativa, Iterativa und Kausativa, die die **Aktionsart** des Grundverbs verändern (s. u. 16.1.1), sowie suffixale **Denominativa**. Uridg. Alters sind zumindest die folgenden Bildetypen:

- **Voluntativa** in der Bedeutung 'etw. tun wollen, gern o. bereitwillig tun' auf _*-se-_ mit akzentuierter, _e_-stufiger Wurzel
- **Desiderativa** in der Bedeutung 'etw. tun wollen, den Wunsch haben, etw. zu tun' auf _*-se-_ mit akzentuierter _i_-Reduplikation und nullstufiger Wurzel
- Desiderativa, genauer **Präparativa** in der Bedeutung 'etw. zu tun beabsichtigen' auf _*-si̯é-_ oder _*-h$_1$si̯é-_ (?) mit _e_-stufiger Wurzel und Suffixakzent
- **Kausativa** und **Iterativa** auf _*-éi̯e-_ mit _o_-stufiger Wurzel und Suffixakzent
- nichtfaktitive **Denominativa** mit dem akzentuierten Suffix _*-i̯é-_, das an den schwachen Stamm des zugrundeliegenden Nomens tritt
- **faktitive Denominativa** mit dem Suffix _*-(a)h$_2$-_, das an den schwachen Stamm des zugrundeliegenden Nomens tritt.

Hierfür jeweils ein Beispiel:

(114) uridg. _*k̑leu̯_ 'hören' mit Präs. _*k̑l̥néu̯-ti_, Aor. _*é-k̑leu̯-t_
→ Voluntativ _*k̑léu̯-se-ti_ 'ist bereit zu hören, will hören, hört zu' > ved. _śróṣati*_ 'hört auf jd. o. etw., gehorcht'

(115) uridg. *tek^w 'laufen, fließen' mit Präs. *$t\acute{e}k^w$-ti*
→ Desiderativ *$t\acute{i}$-tk^w-so-nti* > jav. *tixšənti* 'sie wünschen zu laufen, wollen laufen'

(116) uridg. *doh_3 'geben' mit Präs. *$d\acute{e}$-doh_3-ti*, Aor. *$\acute{e}$-doh_3-t*
→ Desiderativ (Präparativ) *doh_3-si̯é-ti* 'hat die Absicht zu geben' in ved. *dāsyáti* 'hat die Absicht zu geben, will geben' → 'wird in der unmittelbaren Zukunft geben', vgl. lit. *duõs* 'wird geben', 1. Sg. *dúosiu* 'ich werde geben'

(117) uridg. **u̯ert* 'eine Drehung oder Wendung machen' mit Präs. **u̯ért-e-toi̯* 'dreht sich, rollt', Aor. **é-u̯ertst* < ***é-u̯ert+t*, s. Beispiel (19), auch (7)
→ Kausativ **u̯ort-éi̯e-ti* 'veranlasst, sich zu wenden o. zu drehen' > ved. *vartáyati* 'wendet, bringt zum Rollen', got. *frawardeiþ* 'vernichtet', abg. *vъz-vratitъ (sę)* 'wendet (sich) um'

(118) uridg. **péḱu-* n. 'Vieh', s. Beispiel (75)
→ Denominativ **pḱu-i̯é-ti* 'hat mit Vieh zu tun' in dem aav. Partizip *fšuiiaṇt-* 'der für das Vieh sorgt, Viehzüchter'

(119) uridg. **néu̯o-* 'neu'
→ faktitives Denominativ **$n\acute{e}u̯e$-h_2-ti* > *$n\acute{e}u̯ah_2$-ti* 'macht neu' in heth. *newahh-i* (mit geneuerter Flexion), lat. *nouat* 'macht neu, erneuert'

Da die genannten Bildetypen in den Einzelsprachen **produktiv** geblieben sind, d.h. nach ererbten Mustern (die dann oft verloren gingen) in großer Zahl einzelsprachliche Neubildungen vorgenommen wurden, sind die uridg. Ausgangspunkte der Entwicklung oft nicht sicher rekonstruierbar. Die Rekonstruktion ergibt hier eine **Bilderegel** und Regeln zur syntaktischen Verwendung, nur beschränkt auch konkrete Einzelwörter mit ihrer spezifischen Wortbedeutung.

Den sekundären Präsentien war im Uridg. weder ein Aorist noch ein Perfekt zugeordnet; zu ihnen gehörte zwar ein Partizip Präsens, aber keines der anderen Verbalnomina, deren Bildung direkt von der Wurzel ausgeht. In der einzelsprachlichen Entwicklung machen sich diese Systemlücken bemerkbar und werden zu unterschiedlicher Zeit und mit unterschiedlichen Mitteln gefüllt.

Am konservativsten ist hier das Altiranische, das die fehlenden Verbaladjektiva und -abstrakta zum Kausativ durch morphologisch reguläre Ableitungen der Verbalwurzel suppliert; dass diese semantisch auf das Kausativ und nicht auf das Grundverb zu beziehen sind, ergibt sich allein aus dem sachlichen und sprachlichen Kontext. Am frühesten und radikalsten wurde das Problem im Anatolischen gelöst: die Verbalflexion und die deverbalen Ableitungen des Hethitischen gehen grundsätzlich nicht mehr von der Wurzel aus, sondern bereits vom Verbalstamm, der in der Regel einen uridg. Präsensstamm fortsetzt (vgl. oben 13.3.0). Gerade in dieser Sprache spielen Aktionsartbildungen auf der Basis sekundärer Präsentien eine besonders wichtige Rolle.

Lit.: LIV 22-25 (Bildetypen), [1]658-661 oder [2]721-724 und passim (rekonstruierbare Bildungen).
Meier-Brügger, Idg. Sprachw. 173 ff. (nach LIV).
Fortson, IE Language and Culture 90 f.
Szemerényi, Einf. 285-301, 307-312.
Beekes, Introd. 229 ff.
Rix, Hist. Gr. Gr. 223 ff. (gr. Futur).

Zur Selbstkontrolle:
1. Wie wird ein idg. Nasalinfixpräsens gebildet?
2. Was versteht man unter sekundären Präsentien?

16. Lektion
Theoretische Grundlagen V: Aktionsart, Tempus und Aspekt

16.0. Die grammatischen Dimensionen Aktionsart, Tempus und Aspekt beziehen sich in unterschiedlicher Weise auf das **Verhältnis der Verbalhandlung** (= Sachverhalt) **zum Zeitablauf.**

Mit *Aspekt* meint man in alltagssprachlicher Verwendung zweierlei:

- die Art, wie man etwas ansieht (agentiv)
- die Art, wie etwas aussieht (statisch).

Beide Verwendungsweisen gehen auf das Lateinische zurück (in agentiver Funktion bedeutet das Verbalabstraktum *aspectus* jedoch 'Blick, Gesichtskreis').
Als grammatischer Terminus wird **Aspekt** in agentivem Sinne interpretiert, weil für die bezeichnete Kategorie der Sprecherbezug konstitutiv ist (**Verlaufsschau, Gesamtschau**). Diese Interpretation ist allerdings sekundär, d.h. es handelt sich um eine terminologische Uminterpretation im Anschluss an eine Grammatikerübersetzung.
Zugrunde liegt der russische Terminus *vid*, der alltagssprachlich ebenfalls 'Aussehen' und 'Sicht' bedeutet, terminologisch aber im Sinne von 'Art, Spezies' verwendet wird (auch von den biologischen Arten, wie gr. *eĩdos* und lat. *genus*):

- *nesoveršénnyj vid* 'imperfektiver Aspekt', wörtl. 'unvollendete Art' ('unvollendet' im Sinne von 'noch nicht zu Ende gekommen, inhärentes Handlungsziel noch nicht erreicht')
- *soveršénnyj vid* 'perfektiver Aspekt', wörtl. 'vollendete Art'.

Die antike griechische und lateinische Grammatik hat keine verbindliche Terminologie entwickelt, die grammatische Opposition wurde jedoch erkannt und beschrieben, z.B. mit den Begriffen

- *parátasis* vs. *suntéleia* 'Verlauf' : 'Vollendung'
- *en paratásei ȭn* oder *oukhì télos labȭn* vs. *télos labȭn* 'im Verlauf begriffen, unvollendet' : 'vollendet' (Scholion zu Ilias 17, 197).

16.1.1. Die Dimension **Aktionsart** bezeichnet die Art und Weise, wie die Verbalhandlung in der Zeit abläuft (ihren Laufzeitcharakter), unabhängig vom individuellen Standpunkt des Sprechers. Im einzelnen ist die Aktionsart

- **punktuell** (= ohne wahrnehmbare Dauer), wie z.B. bei *finden*
- **momentan** (= kurzzeitig andauernd), wie bei *hinfallen*
- **durativ** (= beliebig lang andauernd, mindestens jedoch so lange, dass die Handlung im Ablauf beobachtet und kommentiert werden könnte), wie bei *fließen* oder *stehen*
- **inchoativ** o. **ingressiv** (= durativ mit einem inhärenten Anfangspunkt), wie bei *aufwachen*
- (end)**terminativ** (= durativ mit einem inhärenten Endpunkt), wie bei *verlöschen*
- **iterativ** (= durativ durch die Wiederholung gleichartiger Teilhandlungen; im weiteren Sinne auch mehrphasig), wie bei *trommeln*
- **repetitiv** (= mehrphasig: die Handlung wird als Ganzes wiederholt), wie bei *einen Obstbaum* oder *Obstbäume schneiden*
- **resultativ** (= zweiphasig: bezeichnet ist das Ergebnis einer vorangegangenen Handlung), wie bei *gefroren sein*
- **desiderativ** (= zweiphasig: es besteht der Wunsch nach einer Handlung in der Zukunft), wie bei *gehen wollen*
- **faktitiv** (= zweiphasig: Herbeiführung einer Zustandsänderung), wie bei *auslöschen* oder *krümmen*
- **kausativ** (= zweiphasig: Veranlassung einer Handlung), wie bei *kommen lassen* oder *schreiben lassen*

usw.

Im faktitiven Funktionsbereich überschneiden sich Aktionsart und Diathese, vgl. 11.2.4 zum faktitiven Aktiv. Das Kausativ verhält sich funktional und syntaktisch als Diathese, wenn es, wie im ai. Verbalsystem, den Gegenpol zum Passiv darstellt.

16.1.2. Wie weit einzelne Aktionsartkategorien im Idg. konzeptualisiert und lexikalisch bzw. grammatisch bezeichnet sind, ist von Sprache zu Sprache verschieden. Auch die Ausdrucksmittel sind sprachspezifisch, vgl. z.B.:

(120) uridg. *g^{wh}*ed*^{h} 'bitten, erbitten' mit Präs. *g^{wh}*ed*^{h}*-i̯e-*
→ uridg. *g^{wh}***od***^{h}***-éi̯e****-ti* *'bittet o. erbittet wiederholt' (**Iterativ** auf *-*éi̯e-* in der etymologischen Ausgangsbedeutung)

hom. 3. Sg. Ipf. *póthei* (< Inj. *$*g^{wh}od^h$-éi̯e-t*) ‘ersehnte, vermisste’
→ hom. 3. Sg. Ipf. *pothé**eske*** ‘sehnte sich ständig danach, vermisste die ganze Zeit’ (ionisches **Iterativpräteritum** auf *-ske-*)

(121) durativ: nhd. *geht*, engl. *goes* oder (progressiv) *is going*, im Russischen entsprechend *idët* als 3. Sg. Präs. von *idtí* ‘gehen’ (imperfektiv im Sinne des lexikalischen Aspektmerkmals)

→ inchoativ: *geht **weg**, goes/is going **away***,
bzw. ***u**-jdët* (perfektiv) vs. ***u**-chódit* (imperfektiv)

→ terminativ: *geht **hin**, goes/is going **there***,
bzw. ***za**-jdët* (perfektiv) vs. ***za**-chódit* (imperfektiv)

→ iterativ-terminativ: *geht **immer wieder hin**, **keeps** going **there***,
bzw. ***za**-chá**živaet*** (imperfektiv)

Die Aktionsart der einzelnen Verben ergibt sich aus ihrer lexikalischen Bedeutung, bzw. aus der im Verwendungskontext relevanten Bedeutungsvariante. Vom Wechsel der grammatischen Kategorien (einschließlich der Aspektkategorien, ggf. auch des Progressivs) ist sie nicht betroffen.
Änderungen der Aktionsart werden in altidg. Sprachen mit suffixalen Präsensbildungen erreicht, die in dieser Funktion produktiv sind (in Sonderfällen nur im Imperfekt, meist jedoch paradigmatisch ergänzt zu abgeleiteten Verben, s. 15.3). Hinzugesetzte Adverbien oder aus ehemaligen Adverbien entwickelte Präverbien (= Präfixe) dienen zur näheren Spezifizierung. Auf jüngeren Sprachstufen erhalten Präverbien, z. T. auch Hilfsverben aktionsartverändernde Funktion auf Kosten ihrer lexikalischen Bedeutung.

16.2.1. Die Dimension **Tempus** ermöglicht die Einordnung der Verbalhandlung in den Zeitablauf. Da die Tempuszuweisung durch den Sprecher (S) aus der augenblicklichen Sprechsituation heraus erfolgt, dient als Ausgangspunkt grundsätzlich der Gegenwartspunkt des Sprechers (G). Es handelt sich um eine deiktische Dimension, die analog zur lokalen Deixis strukturiert ist.

Schema 1

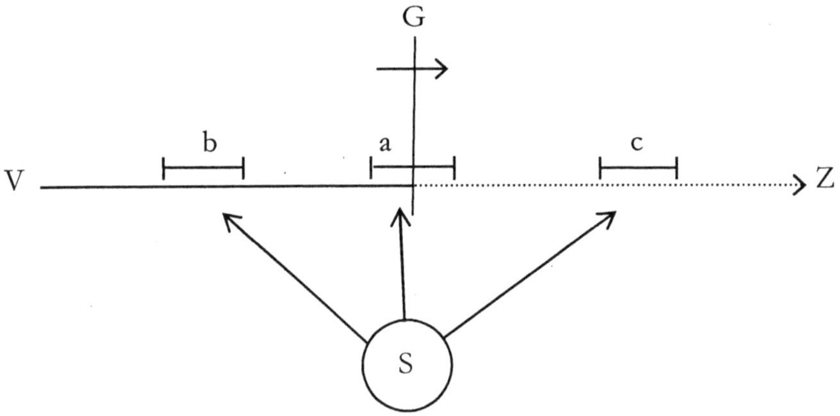

Die **Zukunft** ist in vielen idg. Einzelsprachen vergangenheitsanalog konzeptualisiert, daher die spiegelbildliche Darstellung von Handlung b und c. In letzterem Fall findet allerdings keine reale Deixis statt, sondern nur Karl Bühlers 'Deixis am Phantasma'. Das uridg. Verbalsystem war (ähnlich wie viele außerindogermanische Systeme) der Realität insofern näher, als die Zukunft durch den Modus der Sprechererwartung bezeichnet wurde (den Konjunktiv, s.o. 13.3.4.2).

Wie bei lokaler Deixis kann der Sprecher auch bei temporaler Deixis den Ausgangspunkt bewusst verlegen, d.h. außer seinem gegenwärtigen Standpunkt – den er nicht aufgibt – zur besseren Demonstration auch noch einen zweiten, fiktiven Standpunkt in der Vergangenheit (bzw. der Zukunft) einnehmen. Vgl. dazu Schema 2. Neben den Gegenwartspunkt (G) des Sprechers (S) tritt in diesem Fall der Gegenwartspunkt des dargestellten Sachverhalts (G´); zugleich ist dies der Gegenwartspunkt einer handelnden Person, die als fiktiver Sprecher auftritt (S´). Die Handlungen d bis f hätten für die handelnde Person in der Vergangenheit, Gegenwart oder Zukunft gelegen, für den Sprecher liegen sie sämtlich in der Vergangenheit. Durch die neugebildeten **relativen Tempora** vieler Einzelsprachen (lat. Plusquamperfekt, Konditionale der ved. Prosa usw.) wird ein doppelter Bezug zu G´ und G hergestellt.

Schema 2

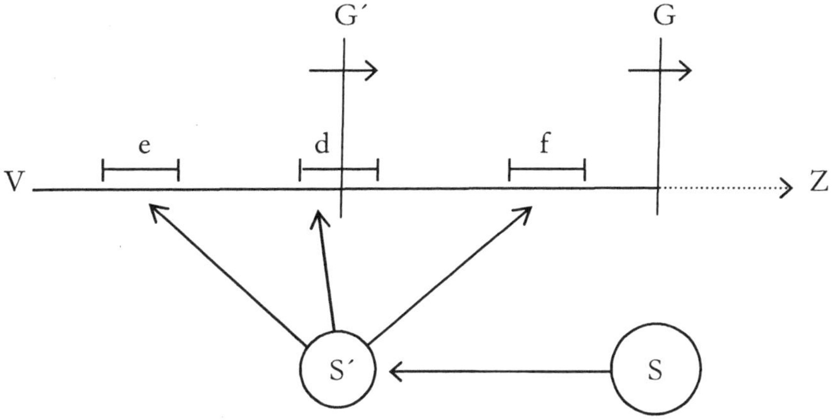

Die relativen Tempora haben mit Aspekt nichts zu tun, leisten aber z.T. das gleiche wie Aspektkategorien. Für Aspektsysteme ist typisch, dass sie auf relative Tempora weitgehend verzichten können (Altgriechisch, mod. Russisch); s. u. 16.3.3.

Lit.: K. Bühler, Sprachtheorie. 2. Auflage Stuttgart 1965. S. 79 ff., 107, 132, 138 f.

16.2.2. Die Bezeichnung der Tempora ist im uridg. System noch als relativ junge Neuerung erkennbar, obgleich die Primärendungen vom Typ **-mos/-mes* keineswegs in die letzte voruridg. Sprachschicht gehören (vgl. oben 11.3.1).
Nach Ausdifferenzierung der Basiskategorie des Modus Realis (s. 13.3.1) wurden folgende Tempuskategorien bezeichnet:

- die **Gegenwart** durch die *i-* bzw. *s*-haltigen **Primärendungen** (Indikativ Präsens und Perfekt, s. o. unter 11.3.1-2, 12.3 und 12.4)
- die **Vergangenheit** durch das **Augment** **é-* in Verbindung mit Sekundärendungen (präteritale Indikative, s. o.)
- die **Zeitstufenlosigkeit** durch Sekundärendungen und Fehlen des Augments (Injunktiv Präsens, Injunktiv Aorist und Injunktiv Perfekt).

Das uridg. Augment bestand in einer akzentuierten Partikel **é* (oder allenfalls **h_1é*) 'damals', die den Formen der ursprünglichen Basiskategorie vorangestellt wurde. Durch nachfolgende Univerbierung verlor die

Verbalform auch im Nebensatz ihren Akzent, ohne dass dies damals noch zu Schwundablaut führte.

Die Akzentverschiebung könnte sich jedoch auf die Verteilung der Endungsallomorphe **-mó/-me*, **-u̯ḗ/-u̯e* usw. ausgewirkt haben, vgl. oben Beispiel (102) unter a und c. Jeder Rekonstruktionsversuch dieser Art bleibt allerdings unbeweisbar.

Aus den Ablautverhältnissen folgt, dass die obligatorische Univerbierung von Augment und Verbalform zu den jüngsten Erscheinungen innerhalb des Uridg. zählt, sofern sie überhaupt schon grundsprachlich zum Abschluss kam.
Wie die semantisch und formal vergleichbare Partikel **-i* 'hier, jetzt', die in Primärendungen jüngeren Typs und fakultativ auch im Lok. Sg. am Ende der Wortform steht (s. o. 11.3.1), hat auch das Augment **é-* 'da, damals' ein Gegenstück beim Nomen und Pronomen. Die gleiche Partikel liegt, hier allerdings proklitisch, in gr. *e-khthés* (neben *khthés*) 'gestern', *e-keĩnos* (nb. *keĩnos*) 'jener', *e-keĩthi*, *e-keĩse*, *e-keĩthen* (nb. *keĩthi*, *keĩse*, *keĩthen*) 'dort, dorthin, von dort' vor, dazu wahrscheinlich auch in ved. *a-sáu* 'jener dort' gegenüber aav. *huuō* 'du dort; der' = ap. *hauv* 'der, dieser'.

In anderen Fällen ist die deiktische Verwendung aufgegeben oder keine klare Jener-Deixis mehr vorhanden, wie etwa bei r. *ėtot* 'der, dieser'. Das mod. Bulgarische besitzt jedoch (neben homonymen Partikeln) ein deiktisches Adverb *e* 'dort', das man als direkten Fortsetzer des uridg. Adverbs ansehen könnte.

Lit.: Meier-Brügger, Idg. Sprachw. 183 f.
Fortson, IE Language and Culture 91 f.
M. Vasmer, Russisches etymologisches Wörterbuch. Bd. III. Heidelberg 1958. S. 456.

16.3.1. Die Dimension **Aspekt** bezeichnet die Art und Weise, wie sich die Verbalhandlung im Hinblick auf den Zeitablauf zu einem vom Sprecher gesetzten Bezugspunkt (B) verhält:
a) Der Bezugspunkt liegt innerhalb der Handlung, läuft daher auf der Zeitachse mit der Handlung mit: **imperfektiver Aspekt**.
b) Der Bezugspunkt liegt außerhalb der Handlung, auf der Zeitachse liegt er nach deren Abschluss: **perfektiver Aspekt**.

Schema 3

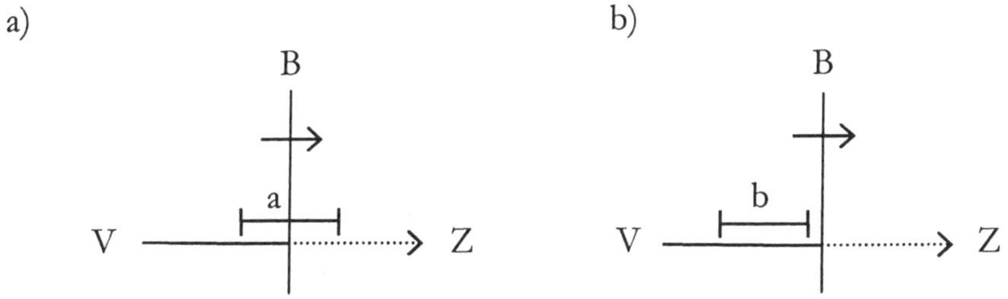

16.3.2. Im Uridg. wurde der imperfektive Aspekt durch die Formen des **Präsens-** und **Perfektstamms**, der perfektive Aspekt durch die Formen des **Aoriststamms** bezeichnet. Das grundsprachliche Aspektsystem ist im Alt- und auch noch im Neugriechischen, im Altbulgarischen und in jünger bezeugten südslavischen Sprachen erhalten (Bulgarisch, Makedonisch, Serbisch, Kroatisch), was die grammatische Opposition und die darauf beruhenden syntaktischen Verwendungsweisen betrifft. Zu den beteiligten paradigmatischen Kategorien ist anzumerken:

- Das uridg. Imperfekt (= Präteritum des Präsensstamms) ist im Slavischen durch eine suffixale Neubildung ersetzt, die jedoch die thematischen Sekundärendungen aufweist und damit auch formal die uridg. Kategorie fortsetzt.

- In der einzelsprachlichen Entwicklung des idg. Perfekts ist eine funktionale Uminterpretation eingetreten, vgl. oben 12.1 am Ende.

- Der Gebrauch der Aspektmodi ist wegen einzelsprachlicher Vereinfachungen des Modussystems nur noch im Altgriechischen in voller Breite reflektiert; die paradigmatischen Kategorien liegen allerdings auch im R̥gveda und im Altavestischen noch vollzählig vor.

- Ein perfektiver Indikativ als Gegenwartstempus hat nicht existiert, weil eine in der Sprechergegenwart ablaufende Handlung vom Sprecher nicht als abgeschlossen bezeichnet werden kann. An dieser Stelle besteht eine **inhaltlich notwendige Systemlücke**, die auch in den Einzelsprachen nicht ausgefüllt wird.

Das sog. perfektive Präsens slavischer Sprachen (Altbulgarisch, Bulgarisch, Russisch) bezeichnet de facto den Habitualis in deskriptiven oder narrativen Kontexten des Typs: 'Seit Anfang Juni steht er jeden Morgen früh auf. Dann wird er als erstes in den Garten gehen ...' Hierbei handelt es sich um eine spezielle Gebrauchsweise des perfektiven Futurs, die eine genaue, formal eindeutige Entsprechung im Neugriechischen hat.

Lit.: A. Moustakas, Das Konverb im Türkischen und seine funktionalen Entsprechungen im Neugriechischen, Bulgarischen und Rumänischen aus der Perspektive des Verbalaspekts. Neuried 1996. S. 25 f., 50, 54.
R. Večerka, Altkirchenslavische (altbulgarische) Syntax II. Freiburg i.Br. 1993. S. 150-155, bes. 152 unter 4, und S. 183 unter 4.

16.3.3. Durch die Interaktion von Aspekt und Tempus, wie sie im urindogermanischen, griechischen und slavischen Verbalsystem stattfindet, ergibt sich folgendes Bild:

Schema 4

a)

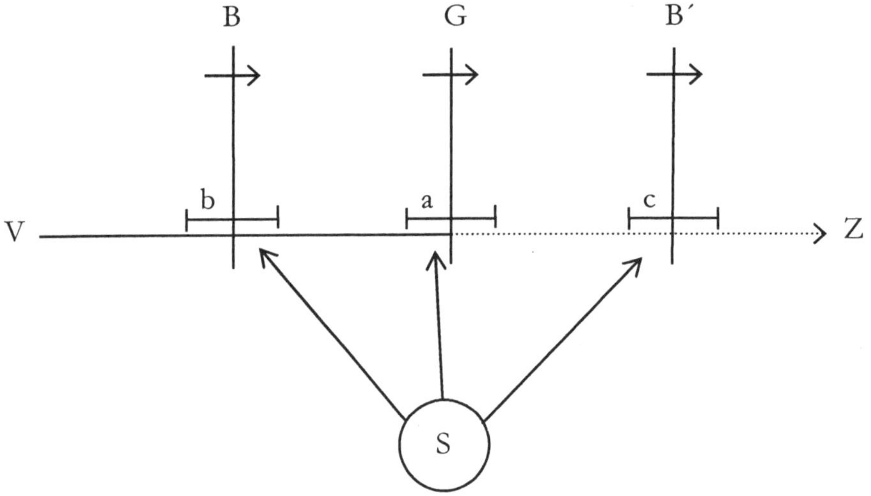

Die Verbalhandlungen sind im imperfektiven Aspekt bezeichnet; Handlung a liegt in der aktuellen Gegenwart.

b)

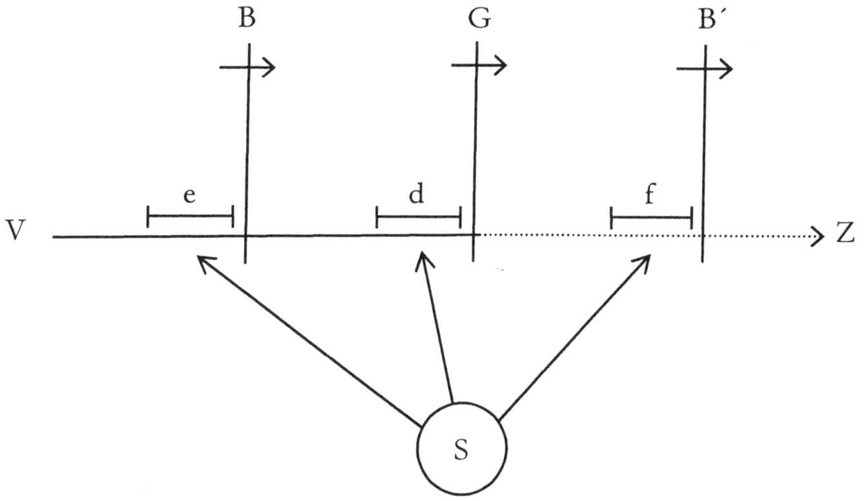

Die Verbalhandlungen sind im perfektiven Aspekt bezeichnet; Handlung d liegt in der aktuellen Vergangenheit.

Der vom Sprecher gesetzte Bezugspunkt (B, B´), der für die aspektuelle Einordnung einer Verbalhandlung maßgeblich ist, ist häufig der Punkt, an dem eine zweite Handlung eintritt oder beginnt. Hieraus ergibt sich die Bedeutung des Aspekts für narrative Texte. Allein durch den Aspektgebrauch werden drei Fälle von Handlungsgefügen unterschieden:

- **Handlungskette** (zwei oder mehr Handlungen schließen zeitlich aneinander an): alle Verben stehen im **perfektiven** Aspekt
- **Parallelhandlungen** (zwei oder mehr Handlungen längerer Dauer verlaufen für eine relevante Zeitspanne gleichzeitig): alle Verben stehen im **imperfektiven** Aspekt
- **Inzidenzschema** (während einer Handlung, die bereits früher begonnen hat und bei ungestörtem Verlauf weiter andauern würde – ob sie de facto fortgesetzt oder abgebrochen wird, bleibt außer Betracht –, tritt eine Handlung ohne relevante Laufzeit ein): die Inzidenzbasis wird im **imperfektiven** Aspekt bezeichnet, der Inzidenzakt hingegen im **perfektiven** Aspekt.

Die auf diese Weise mögliche (aber auch unumgängliche) differenzierte Darstellung des Handlungsablaufs hat zur Folge, dass sich relative Tempora weitgehend erübrigen, da das zeitliche Verhältnis zwischen einzelnen Handlungen bereits durch den Aspekt hinreichend deutlich bezeichnet ist (s.o. 16.2.1).

Lit.: Meier-Brügger, Idg. Sprachw. 256 ff. (M. Fritz).
Fortson, IE Language and Culture 83.
B. Comrie, Aspect. Cambridge U.P. 1976.
N. Nebes, Funktionsanalyse von *kāna yaf'alu*. Ein Beitrag zur Verbalsyntax des Althocharabischen mit besonderer Berücksichtigung der Tempus- und Aspektproblematik. Hildesheim/Zürich/New York 1982. S. 26-45 (mit graphischen Darstellungen wie oben).
E. Tichy, Nicht nur Vordergrund und Hintergrund. Zum Aspektgebrauch im Neuen Testament und im homerischen Epos. In: Tempus und Aspekt in den semitischen Sprachen, hg. von N. Nebes. Wiesbaden 1999. S. 127-145.
E. Tichy, Vom indogermanischen Tempus/Aspekt-System zum vedischen Zeitstufensystem. In: Berthold Delbrück y la sintaxis indoeuropea hoy, ed. E. Crespo und J. L. García Ramón. Madrid/Wiesbaden 1997. S. 589-609.

Zur Selbstkontrolle:

1. Was versteht man unter Aktionsart(en)?
2. Weshalb besaß das Uridg. kein Futur? Und warum wurde in den meisten Einzelsprachen dennoch eines geschaffen?
3. Welche grammatischen Kategorien enthält die grammatische Dimension Aspekt, und was wird mit diesen bezeichnet?
4. Versuchen Sie, jeweils zwei in der Vergangenheit liegende Handlungen graphisch als Handlungskette, als Parallelhandlungen und im Inzidenzschema darzustellen. Berücksichtigen Sie dabei die relative Dauer der Handlungen.

17. Lektion
Verbalflexion: *s*-Aorist und Wurzelaorist

17.1. Das uridg. Alter der Aspektopposition ergibt sich aus dem Nebeneinander rekonstruierbarer Präsens- und Aoristformen, insbesondere jedoch aus der vergleichenden Rekonstruktion des ***s*-Aorists**, der unter Beibehaltung der lexikalischen Bedeutung und Aktionsart zu durativen Präsentien gebildet wird.

(122) 3. Sg. Ind. Präs. uridg. **u̯éǵʰ-e-ti* 'fährt, befördert'
mit Aor. **é-u̯ēǵzd* (strukturell **é-u̯ēǵʰ-s-t*), s.o. Beispiel (107)

(123) 3. Pl. Ind. Präs. uridg. **néi̯H-o-nti* 'sie führen' > ved. *náyanti*, heth. *nēanzi*
3. Sg. Ind. Aor. **é-nēi̯H-s-t* > ved. *ánaiṣ* (mit restituierter Endung *ánait*), heth. *nais* (als 3. Sg. Prät.)

(124) 3. Sg. Ind. Präs. uridg. **pr̥ḱ-sḱé-ti* 'fragt' > ved. *pr̥ccháti*, lat. *poscit*, vgl. oben Beispiel (2)
3. Sg. Ind. Aor. **é-prēḱ-s-t* > ved. *áprāṭ* (analogisch verdeutlicht *aprākṣīt*), toch. A *prakäs*, B *preksa*

(125) 3. Sg. Ind. Präs. uridg. **tékʷ-ti* 'läuft, fließt' > ved. *tákti* (abg. mit thematischer Flexion *tečetъ*)
3. Pl. Ind. Aor. **é-tekʷ-s-n̥t* → abg. *pri-těšę* (Dehnstufe des Singulars durch paradigmatischen Ausgleich verallgemeinert)

Die uridg. Aoriste mit Suffix **-s-* flektierten **akrodynamisch,** stimmten also im Ablautverhalten mit den akrodynamischen Wurzelpräsentien überein (vgl. oben 14.2):

(126) uridg. **prēḱ-s-/préḱ-s-* 'fragen' (perfektiv)

Akt.	Inj.	**prēḱ-s-t*, **préḱ-s-n̥t*
	Ind.	**é-prēḱ-s-t*, **é-preḱ-s-n̥t*
	Ipt. = Inj. (?)	
	Opt.	**préḱ-s-i*h_1*-t*, **préḱ-s-i*h_1*-n̥t*
	Konj.	**préḱ-s-*h_1*e-t(i)*, *préḱ-s-*h_1*o-nt(i)*

	Pt.	*préḱ-s-n̥t-, fem. *préḱ-s-n̥t-ih_2/i̯ah_2-
Med.	Inj.	*préḱ-s-to, *préḱ-s-n̥to
	Ind.	*é-preḱ-s-to, *é-preḱ-s-n̥to
	usw.	
	Pt.	*préḱ-s-m̥$h_1$no-, fem. *préḱ-s-m̥$h_1$nah_2-

Da die lexikalische Bedeutung eines *s*-Aorists der des zugehörigen Präsensstamms entspricht, die Aktionsart also gleichfalls durativ ist, liegt in solchen Paradigmen regelmäßig ein **komplexiver Aorist** vor (d.h. eine länger andauernde Handlung wird in ihrer Gesamtheit als abgeschlossen bezeichnet). Das einzige distinktive semantische Merkmal, durch das sich uridg. *s*-Aoriste von den paradigmatisch zugeordneten Präsentien unterscheiden, besteht demnach im **perfektiven Aspekt**.

Durch formalen Vergleich mit den Voluntativa, Desiderativa und Präparativa auf *-se- oder *-si̯e- (s.o. 15.3) könnte man den uridg. *s*-Aorist in interner Rekonstruktion aus einer ähnlichen, athematischen Aktionsartbildung des Voruridg. herzuleiten versuchen. Falls die komplexive Funktion auf eine grammatikalisierte Aktionsart zurückgehen sollte, kann diese allerdings nicht zweiphasig gewesen sein (es sei denn bei ikonischer Reduplikation; vgl. 16.1.1 und 12.2 am Ende). Vorausgesetzt wird eine terminative, genauer konklusive Variante der durativen Aktionsart: die Verbalhandlung erreicht einen inhärenten Endpunkt, d. h. sie wird vollständig durchgeführt.

17.2. Zum Ausdruck des perfektiven Aspekts dienen ferner thematische **reduplizierte Aoriste** vom Typ uridg. *é-u̯e-u̯kʷ-e-t 'sagte', die bei (ursprünglich) iterativer Aktionsart ebenfalls komplexive Funktion besitzen, vor allem aber athematische **Wurzelaoriste**. Letztere flektierten im Uridg. wie der (amphidynamische) Normaltyp der Wurzelpräsentien, vgl. dazu oben 14.1. Ein formaler Unterschied gegenüber dem Wurzelpräsens bestand lediglich darin, dass aufgrund der Systemlücke aller perfektiven Paradigmen (s. o. 16.3.2) kein Indikativ mit Primärendungen gebildet wurde.

(127) uridg. *gʷém-/gʷm̥-/gʷm- 'gehen, kommen' (perfektiv)

Akt.	Inj.	*gʷém-t, *gʷm-ént
	Ind.	*é-gʷem-t, *é-gʷm-ent
	Ipt.	*gʷém-tu, *gʷm-éntu

	Opt.	*g^wm̥-i̯éh$_1$-t, *g^wm-ih$_1$-ént
	Konj.	*g^wém-h$_1$e-t(i), *g^wém-h$_1$o-nt(i)
Pt.	m.n.	*g^wm-ént-, *g^wm-n̥t-´
	fem.	*g^wm-n̥t-íh$_2$-, *g^wm-n̥t-i̯áh$_2$-

In den Einzelsprachen sind athematische Wurzelaoriste häufig zu **thematischen Aoristen** umgebildet. Die ursprüngliche athematische Flexion ist im Vedischen und Avestischen gut belegt, im Griechischen dagegen fast nur noch bei Wurzeln der Struktur *(C)CeH. Infolge Ablautausgleichs und der Einbeziehung erweiterter Wurzeln (?) auf *-k-* werden die griechischen Fortsetzer im Indikativ nach zwei Paradigmen flektiert:

(128) uridg. *g^wáh$_2$-/g^wh$_2$- 'treten, gehen' (perfektiv)

Ind.	*é-g^wah$_2$-m̥	>	gr. *ébēn*
	*é-g^wah$_2$-s	>	*ébēs*
	*é-g^wah$_2$-t	>	*ébē*
	*é-g^wh$_2$-me	→	*ébēmen* (Ablautausgleich)
	*é-g^wh$_2$-te	→	*ébēte* (Ablautausgleich)
	*é-g^wh$_2$-ant	>	*éban* (→ *ébēsan*)

Vgl. ved. *ágām*, *ágās*, *ágāt*, *ágāma*, *ágāta*, *águr* (Ablautausgleich mit Ausnahme der 3. Pl. auch im Indoiranischen; die Endung *-ur* beruht auf indoarischer Neuerung).

(129) uridg. *d^héh$_1$-/d^hh$_1$- 'setzen, bestimmen' (perfektiv)

Ind.	*é-d^heh$_1$-m̥	→	gr. *éthēka*
	*é-d^heh$_1$-s	→	*éthēkas*
	*é-d^heh$_1$-t	→	*éthēke(n)*
	*é-d^hh$_1$-me	>	*éthemen*
	*é-d^hh$_1$-te	>	*éthete*
	*é-d^hh$_1$-ent	→	*éthesan*

Vgl. ved. *ádhām*, *ádhās*, *ádhāt*, *ádhāma*, *ádhāta*, *ádhur* (Ablautausgleich wie bei *gā*).

Die uridg. Existenz eines akrodynamischen Wurzelaorists konnte nicht überzeugend nachgewiesen werden.

Lit.: Fortson, IE Language and Culture 92 f.
J. A. Harðarson, Studien zum urindogermanischen Wurzelaorist und dessen Vertretung im Indoiranischen und Griechischen. Innsbruck 1993.

17.3. Aus der weitgehend identischen Flexionsweise urindogermanischer Wurzelpräsentien und Wurzelaoriste – der einzige Unterschied ergibt sich aus der inhaltlich notwendigen Systemlücke beim Aorist – hat man seit langem geschlossen, dass beide Bildetypen aus einem gemeinsamen Vorläufertyp hervorgegangen sind. Da sich uridg. Präsentien und Aoriste in der Aspektopposition imperfektiv : perfektiv gegenüberstehen (s. o. 17.1), dürfte die Aufteilung der ursprünglichen Wurzelbildungen auf Präsens und Aorist im Zusammenhang mit dem Aufbau des uridg. Aspektsystems erfolgt sein.
Ausschlaggebend für die Zuordnung der einzelnen Wurzelbildungen zum imperfektiven bzw. perfektiven Aspekt, also für die Einordnung als Präsens (mit der Möglichkeit, die aktuelle Gegenwart zu bezeichnen) oder Aorist (ohne diese Möglichkeit), war die semantisch bedingte Aktionsart der Wurzel. Soweit das Belegmaterial noch eine klare Aussage erlaubt, erfolgte die Zuordnung im Voruridg. auf folgende Weise:

- durative Wurzel → imperfektiver Aspekt (Wurzelpräsens)
- iterative Wurzel → imperfektiver Aspekt (Wurzelpräsens)
- terminative Wurzel → imperfektiver Aspekt (Wurzelpräsens) oder perfektiver Aspekt (Wurzelaorist), überwiegend letzteres
- inchoative Wurzel → perfektiver Aspekt (Wurzelaorist)
- punktuelle oder momentane Wurzel → perfektiver Aspekt (Wurzelaorist)

Zum Phänomen der Aufteilung eines Bildetyps auf zwei grammatische Kategorien vgl. oben 9.4.3 am Ende; für eine genauere Definition des Terminus durativ, wie sie in diesem Zusammenhang benötigt wird, s. 16.1.1.

Wurzeln mit punktueller oder momentaner Aktionsart waren zu keiner Zeit gegenwartsfähig, zeigten also schon vor dem Aufbau des uridg. Aspektsystems eine systematische Verwendungslücke. Wurzeln mit inchoativer Aktionsart verhalten sich wie Wurzeln momentaner Aktionsart, wenn der Anfangspunkt der Handlung im Zentrum der Aussage (=

Fokus) steht. Entsprechendes gilt für Wurzeln terminativer Aktionsart bei Fokussierung des Endpunkts.

Die Zuordnung terminativer Verben wurde beim Aufbau des slavischen Aspektsystems neu geregelt: uridg. Präsentien mit terminativer Aktionsart erscheinen im Slavischen meist als perfektive Futura, weil der Fokus zuerst auf den Endpunkt und dann mit diesem in die Zukunft verlagert wurde. Ererbte Wurzelpräsentien sind hiervon allerdings nicht betroffen. – Uridg. Wurzel- und *s*-Aoriste werden in slavischen Sprachen, die noch die finiten Aspektpräterita besitzen, in ihrer ursprünglichen Funktion verwendet (Altbulgarisch, Bulgarisch, Makedonisch, Serbisch, Kroatisch).

Lit.: LIV ^{1}649 oder ^{2}711 (Verzeichnis der amphidynamischen Wurzelpräsentien), ^{1}655 ff. oder ^{2}717 ff. (Wurzelaoriste) und passim (Wurzelbedeutungen). Die zugehörige Untersuchung bleibt noch zu schreiben.

Zur Selbstkontrolle:

1. Welche formalen Charakteristika besitzt der uridg. *s*-Aorist?
2. Weshalb ermöglicht gerade der *s*-Aorist die Rekonstruktion des uridg. Aspektsystems?

Anhang I: Internationale Lautschrift gemäß API/IPA*

KONSONANTEN

	Bilabiale	Labiodentale	Dentale	Alveolare	Palatoalveolare	Retroflexe
Plosive	p b			t d		ʈ ɖ
Nasale	m	ɱ		n		ɳ
Vibranten	ʙ			r		ɽ
Frikative	ɸ β	f v	θ ð	s z	ʃ ʒ	ʂ ʐ
Approximanten		ʋ		ɹ		ɻ
Laterale				l		ɭ
Ejektive	p'			t'		ʈ'
Implosive	ƥ ɓ			ƭ ɗ		

	Alveolopalatale	Palatale	Velare	Uvulare	Pharyngale	Laryngale (Glottale)
Plosive		c ɟ	k g	q ɢ		ʔ
Nasale		ɲ	ŋ	ɴ		
Vibranten				ʀ		
Frikative	ɕ ʑ	ç ʝ	x ɣ	χ ʁ	ħ ʕ	h ɦ
Approximanten		j	ɰ			
Laterale		ʎ	ʟ			
Ejektive		c'	k'	q'		
Implosive		ʄ	ɠ	ʛ		

Wo Symbole in Paaren erscheinen, repräsentiert das linke einen stimmlosen, das rechte einen stimmhaften Laut.

* Alphabet der Association phonétique internationale/International Phonetic Association in Auszügen, in deutsche Terminologie umgesetzt. Quelle: J. Laver, Principles of phonetics. Cambridge 1994. S. 593.

Vokale

	Vordere		Zentrale		Hintere	
Geschlossene (hohe)	i	y	ɨ	ʉ	ɯ	u
	ɪ	ʏ			ʊ	
Halbgeschlossene	e	ø			ɤ	o
			ə	ɵ		
Halboffene	ɛ	œ			ʌ	ɔ
	æ		ɐ			
Offene (tiefe)	a	ɶ			ɑ	ɒ

Wo Symbole in Paaren erscheinen, repräsentiert das rechte einen gerundeten Vokal.

Andere Symbole

ɾ stimmhafter alveolarer „Flap" (einmal angeschlagener Vibrant)
ɬ Stimmloser lateraler Frikativ
w Stimmhafter labio-velarer Approximant (= u consonans)
ɥ Stimmhafter labial-palataler Approximant

Affrikaten und Simultanartikulation können durch zwei Symbole repräsentiert werden, die durch einen Bogen miteinander verbunden sind. k͡p t͡s

Diakritika

̥	stimmlos	n̥ d̥	̩	silbisch	ɹ̩
̬	stimmhaft	s̬ t̬	̯	unsilbisch	e̯
ʰ	aspiriert	tʰ dʰ	̝	gehoben	e̝
̪	dental	t̪ d̪	̞	gesenkt	e̞
̺	apikal	t̺ d̺	̃	nasaliert	ẽ
̻	laminal	t̻ d̻	ⁿ	nasale Lösung	dⁿ
ʷ	labialisiert	tʷ dʷ	ˡ	laterale Lösung	dˡ
ʲ	palatalisiert	tʲ dʲ	˺	keine hörbare Lösung	d˺
˜	velarisiert oder pharyngalisiert	ɫ			

Suprasegmentalia

ˈ	Hauptakzent	
ˌ	Nebenakzent	ˌfoʊnəˈtɪʃən
ː	lang	eː
ˑ	halblang	eˑ
̆	überkurz	ĕ
.	Silbengrenze	ɹɪ.ækt

Anhang II: Griechische Schrift
(klassisches Einheitsalphabet)

groß	klein	Name	Transkription	Aussprache
Α	α	Alpha	A / a	[a], [aː]
Β	β	Beta	B / b	[b]
Γ	γ	Gamma	G / g	[g], [ŋ]
Δ	δ	Delta	D / d	[d]
Ε	ε	Epsilon	E / e	[e]
Ζ	ζ	Zeta	Z / z	[dz], [zd], [z]
Η	η	Eta	Ē / ē	[ɛː]
Θ	ϑ	Theta	Th / th	[tʰ]
Ι	ι	Iota	I / i	[i], [iː]
Κ	κ	Kappa	K / k	[k]
Λ	λ	Lambda	L / l	[l]
Μ	μ	My	M / m	[m]
Ν	ν	Ny	N / n	[n]
Ξ	ξ	Ksi	Ks /ks	[ks], [kʰs]
Ο	ο	Omikron	O /o	[o]
Π	π	Pi	P /p	[p]
Ρ	ρ	Rho	R / r	[rʰ], [r]
Σ	σ, -ς	Sigma	S / s	[s]
Τ	τ	Tau	T / t	[t]
Υ	υ	Ypsilon	U / u	[y], [yː]
Φ	φ	Phi	Ph / ph	[pʰ]
Χ	χ	Chi	Kh / kh	[kʰ]
Ψ	ψ	Psi	Ps / ps	[ps], [pʰs]
Ω	ω	Omega	Ō / ō	[ɔː]

Über bzw. vor einem anlautenden Vokal oder Diphthong steht entweder der Spiritus asper ⟨ʻ⟩ = [h], der in der Transkription als *H* bzw. *h* erscheint, oder der Spiritus lenis ⟨ʼ⟩, der keinen Lautwert besitzt und nicht transkribiert wird. Der Spiritus asper ist obligatorisch bei anlautendem ⟨Ῥ⟩, ⟨ῥ⟩ = [rʰ], transkribiert *Rh* bzw. *rh*.

Kurzdiphthonge: ⟨αι⟩ *ai* = [ai̯], ⟨οι⟩ *oi* = [oi̯], ⟨υι⟩ *ui* = [yi̯], ⟨αυ⟩ *au* = [au̯], ⟨ευ⟩ *eu* = [eu̯]

Langdiphthonge: ⟨ᾳ⟩ *āi* = [aːi̯], ⟨ῃ⟩ *ēi* = [ɛːi̯], ⟨ῳ⟩ *ōi* = [ɔːi̯], ⟨αυ⟩ *āu* = [aːu̯], ⟨ηυ⟩ *ēu* = [ɛːu̯], ⟨ωυ⟩ *ōu* = [ɔːu̯]

Die fehlenden, aber in archaischer Zeit noch vorhandenen Kurzdiphthonge [ei̯] und [ou̯] wurden im 5. Jh. v. Chr. monophthongiert. Seitdem – in Athen offiziell ab 403 – stehen ⟨ει⟩ *ei* und ⟨ου⟩ *ou* als Digraphe für die resultierenden Langvokale und alle gleichlautenden Vokale beliebiger Herkunft (Ersatzdehnungs- und Kontraktionslängen auf der Grundlage der geschlossenen Kürzen [e] und [o]):

⟨ει⟩ *ei* = [eː], ⟨ου⟩ *ou* = [oː], später [uː].

Obige Angaben beziehen sich auf ionische und attische Texte des 5. und frühen 4. Jahrhunderts v. Chr. in neuzeitlichen Editionen und die Fachliteratur zum klassischen Altgriechischen. Eine Einschränkung gilt für die Sprache Herodots und andere ionische Dialekte dieser Zeit, weil [h] dort schon geschwunden war (sog. Psilose: auch Spiritus asper ⟨῾⟩ ist ohne Lautwert). Das ursprünglich diesem Laut zugeordnete, nun frei verfügbare Zeichen ⟨H⟩ wurde im Ionischen zur Wiedergabe des dialekttypischen Langvokals [æː] < **ā* genutzt, der bald darauf mit allgemein griechischem [ɛː] < **ē* zusammenfiel. Da das klassische Einheitsalphabet auf ein ionisches Alphabet zurückgeht, gilt H in der griechischen Schrift als Eta.

Lit.: H. Rix, Historische Grammatik des Griechischen. Darmstadt 1976, 2. Auflage 1992. S. 25 ff. (Schrift), 59 (Vokalsystem), 51 (Langdiphthonge), 76 f. (*h*).

Terminologischer Index

Termini, die durch einen nachgesetzten Stern (*) gekennzeichnet sind, sind neu eingeführt oder anders verwendet als üblich.

Ablativ 9.2.5
Ablaut **4.8-4.9**, 5.4.4, 7.1.2, 7.1.4, 8.3, 9.2.9, **10**, 11.3.1, 13.3.4.1, 13.3.4.2, 14.1, 16.2.2, 17.1, 17.2
Ablautausgleich 17.2
Ableitung 6.1.2, 8.0, 8.2, 8.3, 14.3, 15.3, s. auch interne Derivation
Ableitungskompositum **8.2**, 8.6
Abstrakta 5.1.9, 8.4.2c, 9.2.2, 9.2.4, 9.2.7, **9.4.2**, 13.2., 14.2
Abtönung 4.8
Adverbialausdruck 8.2a
Adverbien 5.1.2, 8.4.1, 8.5, 16.1.2
Agens 9.2.6, 9.4.2
agensorientierte Modalität 13.2
agentiv 8.4.1, **11.2.2**, 11.2.3
Akkusativ 8.2, **9.2.2**
akrodynamisch **10.1**, 10.2, 10.3, 10.4.1, 10.4.2, **14.2**, **17.1**, 17.2
Aktionsart 11.0, 12.2, 14.1, 14.2, 15.3, **16.1**, 17.1, **17.3**
Aktiv 11.0, **11.2**, **11.3.1**, 12.1, 12.3, **14.1**, 14.2
Akzent s. Wortakzent, Verbalakzent, Satzintonation, Steigton, Zirkumflex
Akzentregeln 8.7
Allophone 3.3
amphidynamisch **10.1**, 10.2, 10.3, 10.4.1, 10.4.2, **14.1**, 14.2, **17.2**
Āmreḍita 8.1
Analogie **2.4**, 3.3
anaptyktischer Vokal 9.2.9
Aorist 11.0, 11.2.1, 13.1, 13.3.1, 15.3, 16.2.2, **16.3**, **17**
Archaismus 9.3.3, **10.3**
Aspekt 11.0, 13.2, 15.1, 16.0, 16.2.1, **16.3**, 17.1, **17.3**
Assimilation 3.2, 4.8
athematische Flexion 7.2-3, 9.2, **10**, 13.3.2, 13.3.4.1, **14.1**, **14.2**, **17**
Augment 6.2, 13.3.1, **16.2.2**
Ausgang 6.2
Auslösung 13.2, 13.3.4.2
Bahuvrīhi 8.5
Bartholomaes Gesetz 3.2
Behaghels Gesetz 9.1
Bezugspunkt 16.2.1, 16.3
Bilderegel 15.2, 15.3
Dativ 9.2.4
Dehnstufe 4.8, 14.2, 17.1
Deixis 16.2
Demonstrativpronomen 5.1.7
Denominativa 15.3
deontische Modalität 13.2
deradikal 10.2, **15.0**, 15.3
Derivation s. Ableitung, interne Derivation
desiderativ 16.1.1
Desiderativa 11.0, 12.2, 13.2, 13.3.4.2, **15.3**
Determinativkompositum **8.3**, 8.6, 8.7
Determinativkompositum, verbales* 8.4.0, 8.4.1
Deutlichkeitsstreben 9.2.9, s. auch formale Differenzierung
Deverbativa 15.3
Diathese 11.0, **11.2**, 11.3.0, 12.1, 12.4

Dichtersprache 8.4.2, 8.7
Digraph 1.1.2, 1.1.6, Anh. II
direkt-reflexiv 11.2.3
Dual 8.1, **9.3.3**, 11.3.1, 11.3.2
Dualdvandva 8.1
durativ 14.1, 14.2, 14.3, **16.1.1**, 17.1, 17.3
Dvandva 8.1
Einzelsprachen **1**
einzelsprachliche Neuerungen 5.1.7, 8.3, 10.3, 12.1, 13.3.3, 14.1, 15.3, 16.3.2, 17.2
Elementarwörter 10.2
endozentrische Komposita 8.6
Endung **6.2**, 7.3, 11.1
Endungen, Endungssätze 4.7, 7.2, **9.2**, 11.2.1, **11.3**, **12.3**, **12.4**, 13.1, 13.3.4.2, 14.1, 16.2.2
Endungslosigkeit 9.2.1a, 9.2.7a, 9.2.8a, 9.4.2, 10.2, 13.3.2
Enklise, Enklitikon **5.3.1**, 7.1.2, 9.2.9
Entsprechungsreihen **1.2**, 1.3, 1.5
epistemische Modalität 13.2, 13.3.3, 13.3.4.1
Ersatzdehnung 4.3.3, 4.3.4, 4.8, 9.2.1a
Erzählprogress 5.2.2
Etymologie 6.1.2
etymologische Ausgangsbedeutung 6.1.2, 6.2, 8.4.2c, 12.2
exozentrische Komposita 8.6
Expektativ* 13.1-13.3.0, **13.3.4**
faktitiv 8.4.2c, 8.5, 11.2.4, 15.1, **16.1.1**
Femininum 9.2.1ac, 9.3.1, **9.4**, 10.2
fientiv 11.2.2, 11.2.4
finit **5.1.9**, 8.4.0, 11.1, 17.3
Flexion s. Paradigma, athematische Flexion, thematische Flexion
Flexionstypen 7.2, **10.1-2**
Fokussierung 17.3
formale Differenzierung 10.4.2, 13.3.2
Formans 6.2
Frageintonation 5.3.4
Funktion 10.4.1, 14.1, 14.3, 15, 17
Fürchtegott-Kompositum 8.4.2a
Futur 13.3.4.2, 16.2.1, 16.3.2, 17.3
Gegenwartspunkt 16.2
Geminaten 3.2, 4.8
generelle Funktion 10.4.1
Genetiv 9.2.6
Genus 9.4
Genus verbi 11.2.1
Gleichung 1.2
Glosse 1.1.5b α, 1.1.6c
Grammatikalisierung 12.2, 15.2
grammatische Dimensionen 9.1, 11.0
grammatische Kategorien 9, **11.0**, 13.1, 13.3.1, 16.2.2, 16.3.1, 16.3.2, 17.3
grammatische Opposition 16.0, 16.3
grammatischer Wechsel 4.8
Grundsprache 1.6
Grundwort 6.2
Habitualis 16.3.2
Handlungsgefüge 16.3.3
Handlungskette 16.3.3
Hiat 9.2.9, 13.3.4.1
Hilfsverben 13.3.4.2, 16.1.2
Homonymie 8.3
hortativ 13.3.2, 13.3.4.2
hortativer Injunktiv Aorist 13.3.2
Hypostase, hypostasiert 8.2
hysterodynamisch **10.1**, 10.4.1
Imperativ 8.4.2a, 11.0, 13.1, 13.2, **13.3.2**, 14.1
Imperativus futuri 13.3.2
Imperfectum de conatu 13.2

Imperfekt 11.0, 13.1, 14.1, **16.3.2**
imperfektiv 11.0, 12.1, 13.2, 15.1, 16.0, **16.3**, 17.3
inchoativ **16.1.1**, 17.3
Indefinitpronomen **5.1.7**, 7.1.2
Indikativ 11.0, 12.3, **13.3.1**, 13.3.2, 14.1, 16.2.2., 17.2
indirekt-reflexiv 11.2.3
indogermanische Sprachen **1**
Infinitiv 5.1.9
Infix 6.2, 15.2
Inhibitivsatz 13.3.1
Injunktiv 8.4.2b, 11.0, 12.3, 13.1, **13.3.1**, 13.3.2, 14.1, 16.2.2
Instrumental 9.2.3
Intensiva 15.1
interne Derivation 8.0, 9.3.1, **10.4.1**, 14.2
interne Rekonstruktion 12.4
interparadigmatischer Ausgleich 10.3
Interrogativpronomen **5.1.7**, 7.1.2
inverse Stellung 8.5
Inzidenzschema 16.3.3
Irrealis 13.3.3
iterativ 12.2, **16.1.1**, 17.2, 17.3
Iterativa 11.0, 15.3
Iterativkompositum **8.1**, 8.6
Iterativpräteritum 16.1.2
Kasus 9.1, **9.2**
kausativ 16.1.1
Kausativa 11.0, 15.3, 16.1.1
Kollektiv **9.3.1**, 9.3.2, 9.4.3, 10.4.1
Komparativ 10.2
komplexiver Aorist 17.1, 17.2
Komplexivkompositum 8.2c
Komposita **8**, 10.3
Kompositionsregeln 8.7
Kompositionssuffix 8.2, 8.3, 8.4.0, 8.5
Konditionale 16.2.1
Kongruenz 9.4.1, 9.4.3
Konjunktiv 11.0, 13.1, 13.3.0, 13.3.2, **13.3.4**, 14.1, 14.3, 15.1, 15.2
konklusiv 17.1
Kontamination 9.2.4b
Kontraktion 9.2.9, 13.3.4.1
Koordinativkompositum* **8.1**, 8.6
Kopula 5.2.1, 5.3.2
Kopulativkompositum 8.1
Kundgabe 13.2, 13.3.3, 13.3.4.2
kupitiver Optativ 13.3.3
Laryngale 3.2, **4.2**, 8.2, 8.3, 13.3.4.1
Laryngaltheorie 4.1-8
Laufzeitcharakter* 16.1.1
Lautgesetz **2**, 4.3, 4.9, 5.4.4, 7.1.2
Lautinventar, uridg. **3.2**, 3.4
Lautsystem, uridg. 3
Lautverschiebung 3.1
lexikalische Bedeutung 6.2, 11.0, 16.1.2, 17.1
lexikalische Eigenschaften 5.1.8, 9.1, 9.4.1, 9.4.3, 11.2.1-2
lexikalisiert 9.3.3, 11.2.2
Lokativ 8.1, 8.4.1, **9.2.7**, 11.3.1, 16.2.2
Maskulinum 9.4.3
Media tantum 11.2.2
Medium 11.0, **11.2**, **11.3.2**, 12.1, 12.3, 12.4, 13.3.4.1, 14.1
mehrphasig* 11.0, **16.1.1**
mesodynamisch* 10.2
Modalität 13.2
Modus, Modi 11.0, **13**, 16.2.1, 16.3.2
momentan **16.1.1**, 17.3
Morpheme, Morphemgrenzen 1.0, 1.1.1-1.1.9, **6.1.1**, 10.1
morphologische Analyse 6
Namengebung 8.4.2, 8.7
Nartenpräsentien 14.2

Nasalinfixpräsentien 6.2, **15.2**
Nebensatz 5.1.6, 5.3.2, 13.3.3, 16.2.2
Negation **5.1.3**, 13.2
Negationspräfix 8.3, 8.5
Neuerung, analogische 2.4
Neuerung, gemeinsame **1.4**, 1.5
Neutrum 9.2.1, 9.2.2, 9.3.1, 9.3.2, 9.4.1, 9.4.3
n-Infix 6.2
Nomen **5.1.8**, 5.1.9, 8.0, 8.4, 10, 11.1
Nomen agentis **5.1.9**, 10.4.1, 14.3
Nomen loci 14.3
Nominalbasis 4.6, 6.2, 10.2
nominale Stammbildung 6.2, 8.0
Nominalkomposition **8**
Nominalsätze 5.2.1
Nominalstamm 6.2
Nominativ 9.2.1
Nullstufe 4.8, 4.9
Numerus 9.1, **9.3**, 11.0., **11.1**, 11.3.0
Oppositionsmedium 11.2.3, 14.1
Oppositum 8.3, 9.4.3b
Optativ 11.0, 13.1, 13.2, 13.3.0, **13.3.3**, 14.1
Paradigma, Paradigmen 7.1.4, 7.2-7.3, 10.3, 13.3.4.1, **14**, 17
paradigmatische Kategorien 11.0, 13.1, 13.3.1, 16.3.2
paradigmatischer Ausgleich 9.4.3, 10.2, **10.3**, 10.4.1, 17.1, 17.2
Parallelentwicklungen 2.3, 4.3.1
Parallelhandlungen 16.3.3
Partikeln 5.1.2, 5.4.4, 9.2.3, 9.2.7a, 11.3.1, 13.3.2, 16.2.2; s. auch Satzpartikeln
Partizip 5.1.9, 10.2, 13.3.0, 14.1, 15.3
patientiv 11.2.3, 12.4
Perfekt 4.9, 11.0, **12**, 13.1, 13.3.4.1, 13.3.4.2, 15.3, 16.2.2, **16.3**
perfektiv 11.0, 12.1, 16.0, **16.3**, 17
perfektives Präsens 16.3.2
Person 11.0, 11.1, 11.3.0
Personalendungen s. Endungen
Personalformen **5.1.9**, 11.1
Personalpronomen 5.1.7
Personennamen s. Namengebung
Phoneme, Phonemsystem 1.1.1-1.1.9, **3.3**
phonotaktisch **4.3.3**, 4.3.4
Plural 9.3.2, 11.1
Plusquamperfekt 11.0, 13.1, 16.2.1
Pluti 5.3.4
Possessivkompositum 8.4.2c, **8.5**, 8.6, 8.7
Possessivkompositum, faktitives* 8.4.2c, 8.5
Possessivpronomen 5.1.7
Postposition 5.1.2
potentialer Optativ 13.3.3
Potentialis* 13.1-13.3.0, **13.3.3**
Präfixe 16.1.2
Präparativa* 11.0, 12.2, **15.3**, 17.1
Präposition, Präpositionalausdruck 5.1.2, 8.2b, 8.4.1
präpositionales Rektionskompositum 8.2b
Präsens 11.0, 11.2.1, 13.1, 13.3.1, 16.2.2., **16.3**, 17.1, 17.3
Praesens de conatu 13.2
Präsens/Aorist-System **11.2.1**, 11.3.0, 13.3.4.2
Präteritum 11.0, 12.1, 13.1, 16.2.2, 16.3.2, 17.3
Präventivsatz 13.3.1
Präverbien 8.4.1, 16.1.2
Pragmatik 13.3.2, 13.3.3, 13.3.4.2, 15.3
Primärbildungen 15.0

Primärendungen 11.3, bes. **11.3.0**; 12.3, 12.4., 13.3.1, 13.3.2, 13.3.4.2, **16.2.2**, 17.2
Primärsuffix 6.2
Prinzip der artikulatorischen Nähe* **3.1**, 3.4
Privativkompositum 8.5
produktiv 8.7, 15.3
Prohibitiv* 13.1-13.2, **13.3.1**
Prohibitivnegation **5.1.3**, 13.3.1
Proklise **5.3.1**
Pronomina 4.7, 5.2.3, **5.1.6.**, **5.1.7**, 5.3.1, 7.1.2, 9.4.3c, 10.4.2, 11.1, 16.2.2
prospektiver Konjunktiv 13.3.4.2
proterodynamisch 10.1, 10.4.1
Psilose Anh. II
punktuell **16.1.1**, 17.3
quantitierende Metrik 1.1.1
Realis* 13.1-13.2, **13.3.1**, 13.3.2, 16.2.1
Reduplikation 6.2, 12.2, 15.1
reduplizierte Aoriste 17.2
reduplizierte Präsentien 12.2, **15.1**
Referenz, Referenzmerkmale 8.5, 8.6, 9.3.0, 9.3.1, 9.4.3, 11.1
reflexiv 11.2.3, 12.4
Reflexivpronomen 5.1.7
Rekonstruktion **1.0**, 6.1.1-6.1.2, 8.7, 10.3, 11.3.2, 12.4, 15.3, 17.1
relative Tempora 16.2.1, 16.3.3
resultativ 8.4.1, 10.4.1, 12.1, 13.2, 13.3.0
Resultativum 6.2
retroflex 1.1.1a
reziprok 11.2.3
Rixsches Gesetzt 4.3.4
Sachverhalt 16.0
s-Aorist 14.3, **17.1**, 17.3
Satzintonation **5.3.1**, 5.3.2-5.3.4, 13.3.3
Satzpartikeln **5.1.4**, 5.2.3, 5.3.1, 5.3.2
Schrift 1.1
Schwa 1.1.1b
schwacher Stamm 7.2, 10
Schwund 1.1.2, 4.3.3-6; s. auch Synkope
Schwundablaut **4.9**, 5.4.3, 5.4.4, 7.1.2, 8.3; 10, bes. 10.3; 13.3.1, 13.3.2, 15.2, 16.2.2
sekundäre Präsentien 11.0, **15.3**
Sekundärendungen 11.3, bes. **11.3.0**; 12.3, 12.4, 13.3.3, 13.3.4.2, 16.2.2, 16.3.2
Sekundärsuffix 6.2
semantische Differenzierung 14.3
Sexus 9.4.3
Simplex 8.3, 8.4.0
Singular 9.3.1
Singulativ 10.4.1
situativ 10.4.1
sprachhistorische Interpretation 1.4
Sprachtrennung 1.5
Sprachzweige **1.1**, 1.3
Sprecher, Sprecherbezug 11.1, 13.1-2, 13.3.4.2, 16.0, 16.2.1, 16.3.1, 16.3.3
Sprecherhaltung 13.2
Stammallomorphe **7.2**, 10
Stammbaummodell 1.5
starker Stamm 7.2, 10
statisch 7.3; 8.4.1, 11.2.2, 12.4, 14.1, 16.0
Stativ 11.0, **12.4**, 13.3.4.1, 13.3.4.2, **14.2**
Steigton 5.4.2, 9.2.9
Subjekt 9.2.1, 11.1
Suffix(e) 4.7, **6.2**, 9.3.1, 9.4.1, 9.4.3, 10.2, 13.3.0, 13.3.3, 13.3.4.1,

14.3, 16.1.2, 16.3.2, 17.1, s. auch Kompositionssuffix
Syllabifizierung, Syllabifizierungsregel 3.3
Synkope 5.4.3
Systemlücke 16.3.2, 17.2, 17.3
Tatpuruṣa 8.3
Teeter's Law 1.1.0
Tempus 11.0, 11.3.0, 13.1, 13.3.1, 13.3.2, **16.2**, **16.3**
terminativ **16.1.1**, 17.1, 17.3
Terminologie 11.0, 16.0
thematische Flexion 7.1.1-4, bes. **7.1.3**; 7.3; 9.2, bes. 9.2.9; 13.3.4.1
thematische Präsensstämme 7.1.3, 7.1.4
thematischer Aorist 17.2
thematisches Präsens 4.9, 7.1.2, **14.3**
Themavokal 6.1.2, 6.2, **7.1.1-2**, 7.3, 13.3.3, 13.3.4.1, 14.3
Traditionsbruch 8.7
typologische Wahrscheinlichkeit 3.4
Univerbierung 8.1, 16.2.2
Urindogermanisch **1.0**, 1.5
Verbalabstrakta s. Abstrakta
Verbaladjektiva 5.1.9, 13.2, 13.3.0
Verbalakzent 5.3.2, 5.4.2
Verbalcharakter 11.0
Verbalendungen s. Endungen
verbales Determinativkompositum 8.4.0, 8.4.1
verbales Rektionskompositum **8.4**, 8.6, 8.7
Verbalhandlung 16
Verbalnomina 8.4, 13.3.2, 15.3; s. auch Abstrakta, Nomen agentis, Nomen loci
Verbalstamm 6.2, 13.3.0, 13.3.2, 15.3
Verbalwurzel 4.5, **6.2**, 9.4.2, 10.2
verblose Sätze 5.2.1
Verbum **5.1.9**, 5.3.2, 11.0
Verhaltensart **11.2.1**, 12.4
Vokativ 5.3.3, 5.4.4, **9.2.8**
Voluntativa 11.0, **15.3**, 17.1
voluntativer Konjunktiv 13.3.4.2
Vr̥ddhiableitung **6.1.2**, 6.2, 13.3.4.1, 15.2
Vr̥kī́h-Bildungen 13.3.3
vorurindogermanisch 4.9, 5.4.4, 7.1.2, 9.4.2, 10.3, 11.0, 11.3.2, 12.4, 13.3.2, 13.3.3, 15.2, 17.3
Wackernagelsche Wortstellung **5.2.3**, 5.3.2, 7.1.2
Wiesenstrauß-Komposita 8.0
Wortakzent **5.4.1-5.4.4**, 10, 11.3.1, 12.2, 13.3.3, 16.2.2
Wurzel s. Verbalwurzel
Wurzelaorist 9.4.2, 14.2, 15.1, 15.2, **17.2-17.3**
Wurzelerweiterung, erweiterte Wurzel 15.2, 17.2
Wurzelnomina 8.4.1, 9.4.2, 10.2, 10.3
Wurzelpräsens 9.4.2, **14.1-2**, 14.3, 17.1, 17.3
Wurzelstativ 14.2
Wurzelstruktur 4.5
Zeitadverb 13.3.4.2
Zeitstufen 11.3.0, 13.3.1, 13.3.2
Zeitstufenlosigkeit 11.0, 13.0
Zirkumflex, zirkumflektiert 5.4.2, 9.2.9
Zugehörigkeitsbildungen 6.1.2, 6.2
Zusammenrückung 8.1
zweiphasig* 12.2, 16.1.1, 17.1
Zwischengrundsprachen 1.5

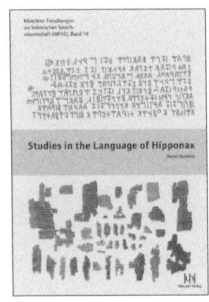

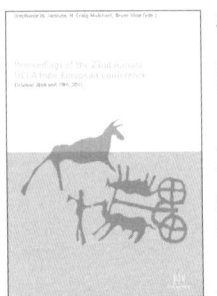